ADAC

Fuerteventura

von Sabine May

10 **ADAC Top Tipps**

Das müssen Sie gesehen haben! Die zehn Top Tipps bringen Sie zu den absoluten Highlights.

25 **ADAC Empfehlungen**

Unterwegs gut beraten: Diese 25 ausgesuchten Empfehlungen machen Ihren Urlaub perfekt.

Preise für ein DZ mit Frühstück:
€ | bis 75 €
€€ | bis 150 €
€€€ | ab 150 €

Preise für ein Hauptgericht:
€ | bis 12 €
€€ | bis 20 €
€€€ | ab 20 €

1 Fotografieren bei Nacht

Die Nachtfotografie fordert heraus. Wie perfekte Fotos in der Dunkelheit gelingen, zeigt Karen Moore bei ihren Exkursionen. Palmen im letzten Licht der untergehenden Sonne? Eine Windmühle vor dem Sternenhimmel? Vulkanische Landschaft unter einem Meteoritenschauer? Alles ist möglich. Voraussetzungen sind eine digitale Kamera, Stativ, warme Kleidung, bequeme Schuhe. Maximal vier Personen sind dabei. Anfänger erhalten auf Englisch eine zweistündige Einführung (110 €), Fortgeschrittene toben sich 3–5 Std. aus (ab 230 €) und werden dabei mit Tipps versorgt.

■ www.starsbynight.es

3-mal draußen

2 Auf dem Pferderücken

Auf der Granja Tara hat Fanny Jeckstadt-Borchert ein Refugium für in Not geratene Pferde geschaffen. Im Idealfall stellt jeder Gast eine persönliche Verbindung zu »seinem« Tier her, bevor es in den Morgenstunden oder zum Sonnenuntergang zum zweistündigen Ausritt (60 €) oberhalb der Klippen von El Cotillo mit anschließendem Picknick geht. Einsteiger sind ebenso willkommen wie Fortgeschrittene, für die VIP-Ausritte organisiert werden. Wegen der empfindlichen Natur wird nicht querfeldein geprescht, sondern es werden Hirtenpfade und Sandwege genutzt.

■ www.tara-fuerteventura.com (S. 38)

3 Botanisches Erlebnis

So nennt Oasis Wildlife die Führungen durch sein 6 ha großes Reservat, wo über 80 gefährdete einheimische Pflanzenarten stehen. Der Direktor des Parks und Biologe, Dr. Stephan Scholz, engagiert sich mit seinem Team für den Schutz der Inselflora. Zum Beispiel hat der Kanarische Marmolan, ein kleiner Baum, von dem nur noch ein Exemplar wild auf Fuerteventura wächst, schon fünf Nachkommen. An den 90-minütigen Veranstaltungen nehmen maximal sechs Personen teil. Festes Schuhwerk anziehen!

■ www.oasiswildlifefuerteventura.com, Reservierung max. 48 Std. vorher, 60 € plus Ticket für Oasis Wildlife (S. 67)

Intro

ADAC Quickfinder

Hier finden Sie die Orte, Sehenswürdigkeiten und Attraktionen, die perfekt zu Ihnen passen.

Unterwegs

Service

Zu diesen Orten und Sehenswürdigkeiten finden Sie Detailkarten im Innenteil des Reiseführers.

Umschlag:

ADAC Top Tipps: Vordere Umschlagklappe, innen 1
ADAC Empfehlungen: Hintere Umschlagklappe, innen 2

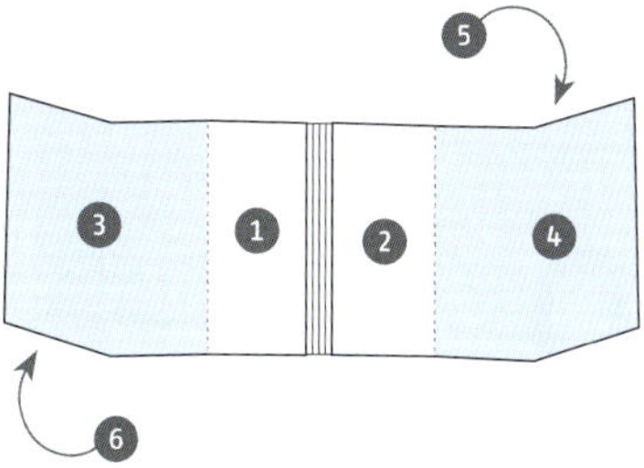

Fuerteventura Nord: Vordere Umschlagklappe, innen 3
Fuerteventura Süd: Hintere Umschlagklappe, innen 4
Stadtplan Puerto del Rosario: Hintere Umschlagklappe, außen 5
Drei Tage auf Fuerteventura: Vordere Umschlagklappe, außen 5

Fuerteventura – Insel der wunderbaren Strände

Heller Sand wechselt mit dunklen Lavaklippen ab, in den Bergen liegen Oasen und weiße Dörfer

Windmühlen – Relikte aus der Zeit, als Fuerteventura Kornkammer der Kanaren war

Die Afrika am nächsten gelegene Insel des Kanarenarchipels erfreut sich dank ihres Klimas und der attraktiven Strände großer Beliebtheit bei Urlaubern. Mit Palmenoasen und kargen, oft von Sanddünen überrollten Böden wirkt Fuerteventura fast wüstenhaft. Im Norden wechseln weißer Sand und dunkle Klippen ab, dahinter reihen sich Vulkane. Rote Erde prägt das Bauernland im Inselzentrum. Als weiße Tupfer liegen die Dörfer mittendrin. Im westlichen Bergland ist Ocker der vorherrschende Farbton. Die wie unberührt wirkenden Strände der Ostküste werden meist links liegen gelassen. Denn die ganz große Attraktion Fuerteventuras sind die kilometerlangen Sandstrände der Halbinsel Jandía, deren nur auf Pisten zu erreichender Westen noch so manches Abenteuer verspricht. Die Kultur steht dahinter zurück, muss sich aber nicht verstecken. Auf moderne Kunst setzt die Hauptstadt Puerto del Rosario mit ihrem Skulpturenpark und einem avantgardistischen Ausstellungsgebäude. Über die Insel verteilte Museen widmen sich der bäuerlichen Vergangenheit, der Salzgewinnung in

Salinen und der Fischerei. Mancherorts sind noch Spuren der Ureinwohner oder der ersten europäischen Siedler zu entdecken. Ihnen widmet sich das Archäologische Museum in Betancuria.

Anziehungspunkt: die Strände

Viel besucht sind die weißsandigen Grandes Playas bei Corralejo oder auf der Halbinsel Jandía der Lagunenstrand Playa Barca und die brandungsumtoste Playa de Cofete. Dann darf ein Besuch im Gebirge nicht fehlen, wo aussichtsreiche Straßen zu pittoresken Ortschaften führen. Allen voran sind hier die alte Hauptstadt Betancuria, das Oasendorf Vega de Río Palmas, die noble Stadt Pájara mit ihrer bemerkenswerten Kirche und das urige Fischerdorf Ajuy zu nennen. Ins Inselzentrum locken das Mühlenmuseum von Tiscamanita, das Käsemuseum von Antigua und das Museumsdorf bei Tefía ebenso wie die faszinierenden Aloe-vera-Plantagen. An der Ostküste stehen unter den dortigen Fischersied-

Aloe-vera-Pflanzungen sind auf der Insel ein vertrauter Anblick (oben) – Geländewagen mit Surfbrett auch (unten)

> *Eine Wüste ist dieser erhabene und geliebte, weltabgeschiedene Erdenfleck Fuerteventura – eine der Inseln, die man einst die Glückseligen nannte.*
>
> *Miguel de Unamuno (1864–1936)*

lungen das weiße Dorf Las Playitas und das sehr ursprüngliche Pozo Negro ganz oben in der Gunst der Besucher. Im Norden lohnen insbesondere das Städtchen La Oliva mit seinen beachtlichen Baudenkmälern, Lajares mit seinen Kultlokalen und der pittoreske Fischerhafen El Cotillo einen Besuch. Unter den sonstigen Attraktionen rangiert ganz vorne Oasis Wildlife bei La Lajita, ein Park mit exotischen Tieren und einem botanischen Garten. Oft sind es die liebenswerten Details am Rande, die Aufmerksamkeit auf sich ziehen. Ein Wandgemälde an einem ansonsten eher schmucklosen Gebäude zeigt eine schlanke Frauengestalt mit schwerem Korb auf dem Kopf und einem Tintenfisch auf der Schulter. Zu Rauschebart und Filzhut trägt die Vogelscheuche auf dem Acker eine Sonnenbrille. Dieser subtile Sinn für Humor der »Majoreros«, wie sich die Bewohner Fuerteventuras nach ihren prähistorischen Vorfahren nennen, zeigt sich auch in der Sprache. Es gibt kaum etwas, das sie nicht mit einer Verkleinerungsform verniedlichen. So ist etwa der »copito« ein Gläschen, das man sich, gefüllt mit Wein, irgendwann zwischendurch am Tresen einer Bar gönnt. Mit der Weltläufigkeit ihrer

Bei Corralejo besticht der lange, einsame Sandstrand mit Blick zur Insel Lobos

Nachbarn von Gran Canaria oder Teneriffa haben die »Majoreros« nichts am Hut. Dafür ist die Welt nun dank des Tourismus zu ihnen gekommen. Da eher zahlungskräftige Gäste angelockt werden sollen, sind vor allem Hotels der gehobenen bis Luxuskategorie vorhanden. Unter den großen Ferienorten ist Corralejo der bunteste, mit einer jungen Surferszene, Pubs und Cocktailbars. Individualisten und Wellenreiter zieht es eher in das Fischerdorf El Cotillo. Die weitaus meisten Urlauber quartieren sich allerdings auf der Halbinsel Jandía ein, wo Costa Calma Hotels und Bungalowanlagen bietet, In fast allen Ferienorten gibt es Anbieter für diverse Wassersportarten, Verleihfirmen für Autos und Räder und natürlich jede Menge Restaurants, Cafés und Einkaufsmöglichkeiten.

Inselhauptstadt *Puerto del Rosario*

Sprache *Spanisch; häufig wird Englisch oder Deutsch verstanden*

Währung *Euro*

Fläche *1660 km², knapp doppelt so groß wie Berlin*

Einwohner *120 000*

Staatsform *Die Kanarischen Inseln sind eine Autonome Gemeinschaft innerhalb Spaniens mit eigenem Parlament.*

Tourismus *Vor der Pandemie jährlich 2,3 Mio. Urlauber, 2021 nur 1 Mio., es führten Deutsche (400 000) und Spanier (144 000).*

Religion *85 % Katholiken, 10 % Muslime, 5 % Sonstige*

Wichtigste Vokabel *»mañana« (morgen) – Man hat zwar nicht mehr so viel Zeit wie früher, doch Ungeduld gilt als uncool.*

Berühmtester Einwohner ist *der spanienweit bekannte Tenor José Concepción, der sogar schon in der Metropolitan Opera in New York auftrat.*

Anzahl der Ziegen *75 000, davon ca. 50 000 Milchziegen und ca. 25 000 sogenannte Küstenziegen, die frei herumlaufen.*

Bekanntestes Erzeugnis *»Majorero«, ein würziger Schnittkäse aus Ziegenmilch.*

Das will ich erleben

An den berühmten Stränden Fuerteventuras tummeln sich Badeurlauber und Wassersportler. Helle Dünen und Palmenoasen schließen an. Da darf ein Kamelritt natürlich nicht fehlen. Im Hinterland drehen sich Windmühlen, gedeiht Aloe vera auf kargen Feldern, liefern Ziegen Milch für den Inselkäse. Zicklein ist auch die Spezialität vieler Landlokale. Authentisches Flair haben die Fischerhäfen, pralle Atmosphäre bieten die Märkte. Freuen Sie sich im Bergland über die Ausblicke, und wandeln Sie auf den Spuren früher normannischer und kastilischer Siedler.

38

Die schönsten Strände

Kilometerlang, weißsandig und naturbelassen sind die Grandes Playas bei Corralejo. Intimer zeigen sich die kleinen, von Lavaklippen umrahmten Badebuchten in der Nähe von El Cotillo, die Caletillas. Wind- und Kitesurfer lieben den Lagunenstrand Playa Barca. Die goldsandige, brandungsreiche Playa de Cofete bietet sich für ausgedehnte Strandspaziergänge an.

18

Ruhige Palmenoasen

Palmen spenden dem Stadtpark von Gran Tarajal Schatten. Das Bauerndorf Vega de Río Palmas wirkt dank der majestätischen Bäume wie eine Oase, ebenso der feuchte Mündungsbereich des Barranco de la Madre del Agua bei Ajuy, wo in aufgelassenen Wasserrinnen und Zisternen Frösche quaken.

Kamelritte für Familien

Schon vor Jahrhunderten wurden Dromedare aus Nordafrika nach Fuerteventura gebracht. Heute schaukeln sie Touristen durch die Gegend, im Oasis Wildlife bei La Lajita, am Strand von Caleta de Fuste und auf dem Bauern- und Kunsthandwerkermarkt von Tetir.

21

Historische Windmühlen

Exemplare vom Typ »molina« und »molino« stehen in Puerto Lajas und Lajares. Viel Wissenswertes vermittelt das Mühlenmuseum in Tiscamanita. Eine besonders schöne Windmühle gibt es im Norden von Antigua.

24

Die »Wüstenlilie« Aloe vera

Der Boom von Produkten aus Aloe vera hat Fuerteventura eine neue Einnahmequelle beschert. In La Oliva ist der Pflanzung ein kleines Museum angeschlossen. Biologisch wirtschaftet eine Finca bei Pozo Negro. Und mit der Fábrica de Aloe lädt eine Plantage bei Tiscamanita zum Besuch ein.

23

Ziegenkäse und Zicklein

Noch ganz traditionell arbeitet die Ziegenkäserei von Tindaya, während man in Casillas del Ángel neue Wege geht. Zicklein wird in vielen Restaurants aufgetischt.

Freuden des Wassersports

Wind- und Kitesurfer zieht es an Hotspots wie Playa Barca und die brandungsreiche Playa del Castillo bei El Cotillo, während Bodysurfer der Strand von La Pared anlockt. Surfer, Segler und Taucher finden ideale Bedingungen in der Meerenge El Río bei Corralejo.

Bunte Fischerhäfen

Kleine Boote laufen von El Cotillo noch zum Fischfang aus. Die wenigen Fischer von Pozo Negro beliefern zwei einfache Strandlokale. In Ajuy sind im Sommer viele Freizeitfischer aktiv. Größere Fangboote legen in Morro Jable ab.

Vielfältige Märkte

Wochenmärkte für Kleider, Hausrat und allerlei Tand haben auf den Kanaren Tradition. Auf den kleineren Erzeugermärkten verkaufen Bauern und Kunsthandwerker.

Großartige Aussichten

In den gebirgigen Westen der Insel locken Sehenswürdigkeiten mit spektakulären Ausblicken. Eine Künstlerin schuf den Mirador de Morro Velosa. Von der Passstraße Degollada de Los Granadillos überblickt man ockerfarbene Berge. Ein astronomischer Lehrpfad führt zum Mirador de Sicasumbre und lädt zum »Sternegucken« ein.

Historische Spuren

In Betancuria erinnern Eselsjochbögen und eine ehemalige Kathedrale an die Normannen, die Fuerteventura eroberten. Für die spanischen Feudalherren spielten auch La Oliva und Valle de Santa Inés eine wichtige Rolle.

Unterwegs

Hellsandige Strände auf der Halbinsel Jandía oder bei Corralejo ziehen Badegäste und Wassersportler an. Doch auch die wüstenartige Landschaft im Inselinneren findet viele Liebhaber

Puerto del Rosario und der Norden

Die Inselhauptstadt gibt sich untouristisch. Mit weißen Naturstränden punkten die Ferienorte weiter nördlich

Nur wenige Inselbesucher zieht es in die Hauptstadt Puerto del Rosario, wo die Einheimischen in die Strandorte Corralejo und El Cotillo strömen. Äußerst ruhig geht es in den ländlich geprägten Gebieten fernab der Küste zu, so auch in der Kleinstadt La Oliva.

In diesem Kapitel:

ADAC Top Tipps:

1 Casa Museo Unamuno, Puerto del Rosario
| Museum |
In dem Stadthaus neben der Kirche, das seinerzeit als Hotel diente, verbrachte der baskische Dichter und Philosoph Miguel de Unamuno 1924 sein viermonatiges Exil. 21

2 Grandes Playas, Corralejo
| Strand |
Weiß glitzert der Sand in den Buchten der 8 km langen Strandzone, seitlich durch dunkle Klippen, hinten durch ein riesiges Dünenfeld begrenzt. Bis auf zwei Hotels blieb das gesamte Gebiet unbebaut und steht unter Naturschutz. 29

3 Casa de los Coroneles, La Oliva
| Palast |
Hier residierten zwischen 1708 und 1859 die Obersten, die zugleich militärischen wie zivilen Herrscher der Insel. Das typisch kanarische Gebäude mit Patio gilt als größtes Gutshaus des Archipels. 41

ADAC Empfehlungen:

1 Parque Escultórico, Puerto del Rosario
| Skulpturenpark |
Die Straßen und Plätze der Hauptstadt sind mit modernen Plastiken geradezu gespickt. 20

2 Mercado Artesanal Canario, Corralejo
| Kunsthandwerkermarkt |
Wirklich authentisches Kunsthandwerk von den Kanaren lässt sich auf diesem Markt erstehen. 32

3 Isla de Lobos
| Insel |
Von Corralejo durch die Meerenge El Río getrennt, wartet das Eiland mit jeder Menge Natur auf. 34

4 El Mirador, El Cotillo
| Restaurant |
Das populäre Fischlokal am alten Hafen besitzt eine großartige Aussichtsterrasse. 37

5 Faro de El Tostón
| Leuchtturm |
Fuerteventuras Museum für handwerklichen Fischfang logiert im Gebäude des alten Leuchtturms, ein neuer steht gleich nebenan. 38

6 Museo del Grano La Cilla, La Oliva
| Museum |
Ein ehemaliger Getreidespeicher dient heute als Kornmuseum. 43

7 Ecomuseo La Alcogida, Tefía
| Museumsdorf |
Ein ganzer Ortsteil, von seinen Bewohnern verlassen, wurde als Freiluftmuseum wieder mit Leben erfüllt. 50

8 Barcélo Corralejo Sands, Corralejo
| Hotel |
In der Nähe des Zentrums und doch relativ ruhig gelegen ist das recht neue Hotel eine gute Wahl für Paare und Familien. 52

1 Puerto del Rosario

Inselhauptstadt mit sprödem Charme und viel Kunst

Eine Hauptstadt putzt sich heraus: Puerto del Rosario und sein Hafen

Information

- Patronato de Turismo, Calle Almirante Lallermand 1, Tel. 928 53 08 44, www.visitfuerteventura.es
- Oficina de Turismo Municipal, Rotonda de la Explanada, Tel. 928 85 01 10, www.turismo-puertodelrosario.org
- Parken: siehe S. 22

In den letzten Jahren hat sich Puerto del Rosario (42 000 Einw.) herausgemacht. Früher eher unattraktiv, zeigt sich die Hauptstadt inzwischen vielerorts im neuen Gewand. Jüngst wurde die Promenade am Hafen modernisiert. Die Häuserzeile dahinter hat durch freche Wandgemälde einen frischen Look bekommen. Landeinwärts führt die ehemalige Prachtallee Calle León y Castillo, an der in den Bürgerhäusern des 19. Jh. heute einige Restaurants und Kneipen untergebracht sind. Vor der Pfarrkirche erweitert sie sich zur zentralen Plaza de la Iglesia, an der sich auch einige Verwaltungsgebäude erheben. Die älteren Anwohner bedauern, dass der bunte Kiosk auf dem Platz derzeit keinen Pächter hat. Denn dort plaudern sie gerne über die neuesten Fußballergebnisse und gönnen sich im Stehen einen Drink. Die Jüngeren sitzen lieber in den Straßencafés der angrenzenden Fußgänger-

Plan S. 24/25

zone Calle Primero de Mayo, aus der allerdings die meisten Geschäfte inzwischen an die Peripherie der Stadt oder in das große Einkaufszentrum Las Rotondas (S. 23) umgezogen sind.

Als Pfarrgemeinde wurde Puerto del Rosario erst 1806 gegründet. Zuvor hatten die Obersten von La Oliva (siehe »Im Blickpunkt«, S. 42) hier bereits Hafenanlagen betrieben, um exportieren zu können, ohne Steuern an den Feudalherren zu entrichten, der die drei offiziellen Häfen El Cotillo, Caleta de Fuste und Puerto de la Peña (Ajuy) kontrollierte. Nach dem Hauptausfuhrprodukt hieß der Ort zunächst Puerto de Cabras (Ziegenhafen). Bald ließen sich englische Händler nieder, die Soda, Kalk und das Karminrot der Koschenillelaus von hier aus verschifften. Es kam zu einer wirtschaftlichen Belebung, und 1860 wurde Puerto de Cabras sogar zur Inselhauptstadt erklärt. Ab etwa 1900 schlief der Handel jedoch wieder ein, die Stadt versank in Provinzialität. In den 1950er-Jahren versuchte man einen Aufschwung einzuleiten. Damals erfolgte die Umbenennung in Puerto del Rosario, da der alte Name als unpassend empfunden wurde. Heute profitiert die Stadt vom Tourismus und ist inzwischen ein wichtiges Ziel für Kreuzfahrtschiffe.

Sehenswert

1 Iglesia Nuestra Señora del Rosario

| Kirche |

Die Pfarrkirche im Stil einer kanarischen Ermita, mit nur einem Schiff und

ADAC Mobil

Eine Besonderheit im Straßenverkehr ist zu beachten, da sie zu Missverständnissen führen kann. Wenn der Vorausfahrende **links blinkt**, will er nicht unbedingt abbiegen, sondern anzeigen, dass wegen eines **Hindernisses** nicht überholt werden soll. Das **Linksabbiegen** hingegen erfolgt auf breiteren Straßen fast immer zunächst auf einer separaten Spur nach rechts, bevor dann die gesamte Straße überquert wird.

Im Blickpunkt

1 Parque Escultórico

In den Straßen von Puerto del Rosario stehen etwa 150 Skulpturen, die seit 2001 auf unregelmäßig stattfindenden Symposien im Hafengelände entstanden sind. Die Idee zu diesem Projekt hatte der einheimische Künstler Toño Patallo. Arbeiten diverser Bildhauer von den Kanaren, aus Spanien und anderen Ländern sind zu sehen. Puerto del Rosario hat sich dadurch zu einem Ziel für Kunstbegeisterte entwickelt. Die Skulpturen häufen sich in der Innenstadt sowie an der Hafenstraße Avenida de los Reyes de España. Der in Frankreich lebende Rumäne Nicolae Fleissig schuf den Monolith »Tectonic« (Calle Primero de Mayo) und gestaltete den Springbrunnen auf der Rotonda de la Explanada. Silverio López aus Gran Canaria verewigte den verstorbenen Maler Suso Machín als Tauben fütternden Mann vor der Pfarrkirche und würdigte mit der »Pinta de los Vientos« (Windzange) in der Calle León y Castillo/Ecke Calle Sevilla die Käseproduktion. Von Emiliano García Hernández aus Lanzarote stammen die Bronzefigur von Miguel de Unamuno vor dessen Museum (S. 21), der Seemann »El Marinero« vor der Hafenmole und der Wasserträger »El Aguador« (Calle León y Castillo/Ecke Avenida Juan de Bethencourt). Ein Blickfang am Hafen ist die Statue des alten Fischers (»Pescador de Viejas«) des aus Pájara stammenden Bildhauers Juan Miguel Cubas (S. 49). Ebenso die Bronzeskulptur »Equipaje de Ultramar« (Übersee-Gepäck) des Basken Eduardo Úrculo neben der Cafeteria Los Paragüitas (Avenida de los Reyes de España), eine Hommage an die Emigranten von früher, sowie »Las Caracolas« (Die Muscheln) aus Aluminium von Félix Juan Bordes Caballero an der Hafenpromenade. In der Stadt weisen Informationstafeln auf die Skulpturen hin.

erhöhtem Chor, entstand ab 1824 und wurde der Rosenkranzmadonna geweiht, deren Statue man 1806 aus Tetir überführt und zunächst in einem Lagerhaus am Hafen verehrt hatte. Jüngeren Datums ist der Vorbau mit dem wuchtigen Glockenturm. Er wurde um 1930 angebaut, im damals auf den Kanaren aktuellen eklektizistischen Stil. Dieser kombinierte architektonische Elemente der Vergangenheit neu. Ein schönes Beispiel dieses Stils findet sich u. a. im Dorf Tetir (S. 48) mit der dortigen Kirche aus dem 18. Jh.

■ Plaza de la Iglesia, tagsüber meist geöffnet, ansonsten zu Messen tgl. 19, So auch 9 und 11 Uhr

2 Casa Museo Unamuno
| Museum |

1 *Ehemaliges Stadthotel, wo Miguel de Unamuno im Exil lebte*

Das Stadthaus mit dem typischen Innenhof ist im Stil der 1920er-Jahre eingerichtet. Teilweise wurde Originalmobiliar verwendet, etwa der Schreibtisch, den der Dichter und Philosoph Miguel de Unamuno (1864–1936) bei seinem Aufenthalt in Puerto del Rosario von März bis Juli 1924 benutzte. Außerdem werden Fotografien und Texte aus dieser Zeit gezeigt. Unamuno hatte als Professor an der Universität Salamanca gelehrt. Aufgrund seiner Kritik an der Militärdiktatur unter General Primo de Rivera wurde er nach Fuerteventura verbannt. Dort hielt es ihn allerdings nicht lange. 1925 gelang ihm die Flucht nach Südfrankreich (Hendaye); 1930, nach dem Sturz der Diktatur, kehrte er in sein Heimatland Spanien zurück.

■ Calle Virgen del Rosario 11, www.museosdeescritores.com, Mo–Fr 9–14 Uhr, Eintritt frei

Gefällt Ihnen das?

Wenn Sie sich für die **Casa Museo Unamuno** begeistern, sollten Sie auch das **Denkmal** für den Dichter bei Tindaya (S. 47) besuchen. Fasziniert Sie vor allem die Einrichtung des Museums, dann schauen Sie doch einmal in der **Casa Museo Dr. Mena** in Ampuyenta (S. 75) vorbei. Das Ambiente ist ganz ähnlich, nur stammt das Mobiliar aus dem 19. Jh.

3 Centro de Arte Juan Ismael
| Kunsthalle |

Ein ehemaliges Kino von 1960 wurde zum Kunstpalast erweitert, die alte Fassade hat man geschickt in den modernen, würfelförmigen Bau integriert. Um den hellen Innenhof gruppieren sich auf drei Stockwerken Säle, in denen in Wechselausstellungen die Werke vor allem einheimischer Künstler bewundert werden können. Einer von ihnen war Juan Ismael González (1907–1981) aus La Oliva, dessen Namen das Zentrum trägt. Im Museumsladen werden Kunst, Kunsthandwerk und Bücher verkauft.

■ Calle Almirante Lallermand 30, Di–Sa 10–13, 17–21 Uhr, Eintritt frei

4 Playa de Los Pozos
| Strand |

Der Hausstrand von Puerto del Rosario grenzt südwestlich an den Hafen, durch die Mole von diesem getrennt. An deren Kopf erhebt sich das Skelett eines Brydewals, der Teil des inselumspannenden Wal-Lehrpfads ist (S. 60, 108). Mit 250 m nimmt sich die Länge des auch unter dem Namen Playa Chica bekannten Strandes eher bescheiden aus. Dennoch erfreut sich dieser Abschnitt großer Beliebtheit. Die angrenzende Promenade lädt zum Joggen und Flanieren ein.

■ Avenida de los Reyes de España

5 Palacio de Formación y Congresos de Fuerteventura

| Veranstaltungshalle |

Das von seinem Architekten Jorge Sastre wie ein Schiff, den Bug zum Meer gerichtet, gestaltete Gebäude ist das Wahrzeichen der Stadt. Südlich der Playa Chica wurde der fünfstöckige Bau (Kosten: 23 Mio. Euro), in die Verlängerung der Uferpromenade einbezogen. Im Januar 2015 eröffnete der Kongresspalast, der auf rund 5000 m^2 Fläche Räumlichkeiten für Messen, Ausstellungen, Bildungszwecke sowie einen im Stil eines Amphitheaters angelegten Konzertsaal mit Platz für 1260 Menschen beherbergt.

■ Calle Eliseo Gómez Ordóñez 3, www.cabildofuer.es

ADAC Spartipp

Freier Eintritt

Da sich auf Fuerteventura die meisten kulturellen Angebote an Touristen wenden, von denen die Insel großenteils lebt, wird selbstredend auch vielerorts Geld verlangt. Bei den Sehenswürdigkeiten der Hauptstadt Puerto del Rosario ist dies allerdings nicht der Fall. Hier erheben sowohl die Casa Museo Unamuno als auch das Centro de Arte Juan Ismael keine Eintrittsgebühr, und der in der Stadt verteilte Skulpturenpark ist ohnehin kostenfrei zu besichtigen.

Verkehrsmittel

Bus: Verbindungen in alle Inselteile ab Busbahnhof (Estación de Guaguas) in der Avenida de la Constitución. Zwischen 7 und 22 Uhr dreht ein Stadtbus stündlich (am Sonntag nur 9–12, 17–19 Uhr) eine Runde über den Busbahnhof, das Einkaufszentrum Los Rotondas, die Playa Blanca und das Centro de Arte Juan Ismael (www.puertodelrosario.org, Stichwort: Transportes). Zwei weitere Linien sind geplant. Tickets (Einzelfahrt 1,20 €) beim Fahrer.

Flughafenbus und **Fähren** S. 123

Parken

Das gebührenfreie Parkhaus unter dem **Centro Comercial Las Rotondas** (S. 23; 5–10 Min. Fußweg ins Stadtzentrum) füllt sich am Vormittag recht schnell, daher empfiehlt sich frühes Kommen. Ebenfalls gratis zu nutzen ist ein großer Parkplatz am Hafen (Avenida de los Reyes de España). Ansonsten ist der gesamte **Innenstadtbereich** blaue oder grüne Zone mit Parkautomaten (0,70 €/h). Kostenpflichtig ist Parken jeweils Mo–Fr 8–15 Uhr. In blau markierten Bereichen sind maximal 2 Std. erlaubt, in grünen maximal 3 Std.). Das Einbahnstraßensystem mit vielen Sackgassen erschwert die Orientierung, daher kann die Suche nach einer freien Lücke vor allem vormittags recht aufwendig sein. Am Nachmittag ist weniger los.

Restaurants

€€ | Casa Toño Ein mediterranes Restaurant neuen Stils, das die asturische Küche pflegt. Charmantes Ambiente, professionell geführt. ■ Calle Alcalde Alonso Patallo 8, Tel. 928 34 47 36, Mo–Sa 12–16, 20–24 Uhr, Plan S. 24/25 c4

€€ | **El Cangrejo Colorao** In dem bewährten Restaurant am Meer verkehren viele einheimische Gäste. Der Stil ist klassisch spanisch, das Preis-Leistungs-Verhältnis korrekt. ■ Calle Juan Ramón Jiménez 1, Tel. 928 85 84 77, Mo, Di, Do–So 13–16.30, Do–So auch 20–24 Uhr, Plan S. 24/25 d3

€€ | **La Jaira de Demian** Die Gastrobar hat neuen Schwung in die Kulinarik-Szene von Puerto del Rosario gebracht. Viele regionale Zutaten, alles wird nach Möglichkeit selbst gemacht. Schöne Tapas, Tagesmenü, freundlicher Service. ■ Calle de la Cruz 26, Tel. 928 53 37 84, www.lajairadedemian.es, Mo–Sa 13–23 Uhr, Plan S. 24/25 d3

ADAC Mobil

Parken im Zentrum
Parkgebühren werden praktisch nur im Innenstadtbereich von Puerto del Rosario und in wenigen anderen Orten an ganz zentralen Stellen erhoben, dort stehen jeweils Parkautomaten. Zu erkennen sind diese Bereiche an den blauen oder grünen Markierungen am Boden. Ansonsten kann man überall noch gebührenfrei parken, sogar an viel besuchten Stränden.

Cafés

Cappuccino Beliebtes Frühstückscafé mit Tischen in der Fußgängerzone, gute italienische Kaffeeauswahl. Ansonsten liegt der Schwerpunkt eher auf Tapas und belegten Brötchen, weniger auf Kuchen. ■ Calle Primero, Tel. 928 07 28 24, Mo–Fr 7.30–13.30 Uhr, Plan S. 24/25 d4

Einkaufen

Centro Comercial Las Rotondas Fuerteventuras größtes Einkaufszentrum mit rund 90 Geschäften auf vier Etagen, darunter den Stores bekannter

Der Rosenkranzmadonna geweiht: Iglesia Nuestra Señora del Rosario (S. 19)

Puerto del Rosario
Jesús y María
Avenida la Constitución
Calle La Cruz
Iglesia Nuestra Señora del Rosario
Ayuntamiento
Pl. de España
Mercado Municipal
Puerto
Av. Juan de Bethencourt
Casa Museo Unamuno
Pl. de la Paz
Parque Mun.
C. León y Castillo
C. Virgen d. Rosario
C. San Roque
C. Primero de Mayo
Av. de los Reyes de España
Las Rotondas
Playa Chica
Playa de Los Pozos
C. Duero
Calle Antigua
0
270 m
FV-10
FV-3
FV-20
C. Teresa López
C. Antonio Espinosa
C. Gran Canaria
C. Aragón
C. Tenerife
C. Cataluña
C. María Estrada
C. Ramón y Cajal
C. la Gavia
C. Tenesor
C. Rodonai 25
C. Rosas Majoreras
C. el Telar

d
e
f
1
2
3
4
5
C. Barquellos
C. Barquillos
C. Barquellos
C. Alfonso XIII
C. Cantador Manuel Navarro
Av. Manuel Velazquez Cabrera
C. Hernan Cortes
C. Viriato
C. Comandante Díaz Trayter
C. Juan XXIII
C. Almirante Lallermand
3 Centro de Arte Juan Ismael
C. Gran Capitan
C. Domínguez Peña
Av. Marítima
C. Hispanidad
Av. Primero de Mayo
C. S. Corazón
Atlantischer
Ozean
C. la Cruz y Castillo
C. Rosario
Iglesia Nuestra
ñora del Rosario
1
1
2 Casa Museo Unamuno
Puerto
Av. de los Reyes de España
Molinos de Viento
Av. de la Constitución
C. Indalecio Prieto
C. J. T. Cabrera
C. Primero de Mayo
C. J. J. Felipe Lima
Dulcinea
C. Secundino Alonso
C. F. Pry
C. Duero
4 Playa de Los Pozos
C. Arsuaga
siehe
C. Júcar
Ctra. los Pozos
FV-2
5 Palacio de Formación y Congresos de Fuerteventura
C. P. de Cabras
C. América
C. los Hibiscos
Playa
Blanca
0
300 m

spanischer Modemarken wie Zara oder Cortefiel sowie großem Supermarkt und einigen Fast-Food-Restaurants. ■ Calle Francisco Pi y Arsuaga 2, www.lasrotondascentrocomercial.com, Mo–Sa 9–22 Uhr, Parkgarage (gratis), Plan S. 24/25 d4

Mercado Agrario de Fuerteventura Wochenmarkt mit saisonalen Produkten der Insel: Obst, Gemüse, Käse, Ziegen- und Lammfleisch, Eier, Olivenöl, Wein, Kosmetika aus Aloe vera. Außerdem Gebäck, Salinensalz, frischer Fisch, Kunsthandwerk. Alles wird hier direkt vermarktet, unter Ausschluss des Zwischenhandels. ■ Avenida de la Constitución (im Obergeschoss des Busbahnhofs), Sa 8–13.30 Uhr, Plan S. 24/25 d3

Kneipen, Bars und Clubs

La Tierra Die wohl beliebteste Kneipe der Stadt, mit toller Atmosphäre und guter Bierauswahl. Am Wochenende oft Livemusik, ansonsten Musik der 1970er-/1980er-Jahre. Jeden Mittwoch gibt es eine Jamsession. Wer ein Instrument mitbringt, darf gerne mitmachen. ■ Calle Eustaquio Gopar 3, So–Do 19.30–2, Fr, Sa 19.30–4 Uhr, Plan S. 24/25 d3

ADAC Mittendrin

Wer sich in Puerto del Rosario unter die Einheimischen mischen möchte, wird vor allem in der Fußgängerzone **Calle Primero de Mayo** fündig. Dort verbringen viele, die in der Stadt arbeiten oder einkaufen, eine Pause in einem der zahlreichen Straßencafés. So bietet es sich an, einen Stadtrundgang hier zu unterbrechen und es den Inselbewohnern gleichzutun. Unbedingt an Werktagen kommen, denn am Wochenende ist gar nichts los! *Fußgängerzone, Calle Primero de Mayo, Plan S. 24/25 d4*

Events

Carnaval Puerto del Rosario hat den buntesten Fasching der Insel, mit dreiwöchigem Programm über den Aschermittwoch hinaus. Mit Kindergala, nächtlichen Tanzveranstaltungen, großem Umzug und viel traditioneller und lateinamerikanischer Karnevalsmusik. Zum Abschluss findet die traditionelle »Beerdigung der Sardine« statt, zu der alle in schwarzer Kleidung erscheinen. Jedes Jahr stehen die Feierlichkeiten unter einem anderen Motto. ■ www.puertodelrosario.org, Eintritt frei

Fiesta de la Virgen del Rosario Große Kirmes in den zwei Wochen um den Ehrentag der Stadtheiligen (7. Okt.). mit Jahrmarkt am Hafen, nächtlichen Tanzbällen im Freien sowie Prozession mit Folkloregruppen. Am meisten los ist natürlich an den Wochenenden. ■ www.puertodelrosario.org, Eintritt frei, Plan S. 24/25 d3

Lebrancho Rock Rockfestival mit Nachwuchsgruppen aus ganz Spanien, die hier erstmals einen ganz großen Auftritt haben. Zuletzt erster Fr und Sa im Juni. ■ Plaza de La Paz, Eintritt frei, Plan S. 24/25 d3

In der Umgebung

Playa Blanca

| Strand |

Vergleichsweise wenig besucht ist dieser 900 m lange, von Dünen gesäumte saubere Sandstrand. Die Bebauung beschränkt sich auf den ehemaligen Parador am Südrand, ein Hotel der berühmten spanischen Luxuskette, das viele Jahre wegen Umbau geschlossen war. 2017 wurde es als Hotel El Mirador de Fuerteventura mit Inneneinrichtung im Boutiquestil wiedereröffnet. Für die ursprüngliche Architektur im neokanarischen Stil zeichnete José Enrique Marrero Regalado aus Teneriffa verantwortlich. Er entwarf das Haus im Stil eines traditionellen Gutshofs mit Anklängen an nordafrikanische Karawansereien. Nun bevölkern wieder Hotelgäste den gepflegten Strand, der sich ansonsten vorwiegend am Wochenende mit Stadtbewohnern belebt. Wermutstropfen freilich sind die Autobahn, die etwa 200 m hinter der Playa Blanca verläuft, und der nahe Flughafen. Ein Pluspunkt hingegen sind die sanitären Einrichtungen und die Bewachung von Mitte Juni bis Mitte Oktober. Auch ist der Strand barrierefrei zu erreichen und gilt zudem als sehr kinderfreundlich. Abgesehen von Bar und Restaurant im Hotel ist keine Gastronomie vorhanden.

■ südl. von Puerto del Rosario

2 Puerto Lajas

Am Fischerstrand tummeln sich am Wochenende einheimische Familien

Die Bewohner von Puerto del Rosario verbringen hier gerne ihre Freizeit. Sie angeln, baden an dem dunklen Strand oder sitzen in einem der Lokale. Ein paar Fischer fahren bei ruhiger See noch mit kleinen, offenen Booten hinaus. Am Südrand des Ortes steht eine schön restaurierte Windmühle vom Typ Molina (siehe »Im Blickpunkt«).

Im Blickpunkt

Männliche und weibliche Mühlen

Zahlreiche Getreidemühlen drehten sich früher auf Fuerteventura, das als Kornkammer der Kanaren galt. Rund 40 sind noch erhalten. Die klassische Turmwindmühle (»molino«) nach kastilischem Vorbild hat vier, manchmal auch sechs Flügel an einer drehbaren Holzkappe, die dem Turm mit Mahlwerk aufsitzt. Sehenswerte Exemplare befinden sich in Tiscamanita (S. 70) und Antigua (S. 72). Demgegenüber ist die um das Jahr 1800 auf der Insel La Palma entwickelte Mühle ungleich filigraner, weshalb sie mit der weiblichen Form »molina« benannt wurde. Ihre Flügel sitzen an einer Gitterkonstruktion aus Holz, die direkt auf dem Haus des Müllers steht. Außer in Puerto Lajas findet sich auch eine »molina« in Lajares (S. 35).

Restaurants

€€ | La Bahía de Puerto Lajas Freundliches Fischlokal mit heller, überdachter Terrasse und Tischen am Strand unter Palmen. Berühmt seit Jahrzehnten ist die Paella. Am Wochenende voll mit einheimischen Gästen. ■ Puerto Lajas Sur 86, Tel. 631475181, Do–Mo 13–22 Uhr

3 Parque Holandés

Die Apartment- und Ferienhaussiedlung liegt abseits vom Trubel

Das Herzstück der modernen Wohnsiedlung stellt der »holländische Park« dar. Ein niederländischer Architekt entwarf die Anlage, deren Villen und Ferienwohnungen teilweise von ihren Besitzern über das Internet vermietet werden. Später kamen weitere Anlagen hinzu, in denen auch viele Pendler wohnen, die in Corralejo oder Puerto del Rosario arbeiten. Der 500 m breite, karge Streifen zwischen Parque Holandés und der Klippenküste blieb bislang unbebaut. So ziehen dort Wochenendfischer nach wie vor ihre Boote an den winzigen Sandstrand von El Jablito.

Restaurants

€ | Don Pepe Das Ausflugslokal füllt sich am Wochenende mit Familien. Aufgetischt werden Fleisch vom Grill,

Nur ein paar Schritte sind es vom Zentrum Corralejos zur Playa del Muelle Chico

Zicklein und Lamm. ■ Calle Primero de Mayo 1, Tel. 928 86 39 92, www.donpepefuerteventura.com, Mi–Mo 8–21 Uhr

Entspannung

Centro Mirak Das Wellnesszentrum auf einem 5000 m² großen, landschaftlich reizvollen Areal ist eine Oase der Ruhe. Eine Tageskur mit zwei Massagen, vulkanischer Schlammpackung und Benutzung von Pool, Jacuzzi und Sauna kostet 69 €. Weitere Anwendungen gegen Gebühr. Nur für Erwachsene. ■ Calle Primero de Mayo 1, Tel. 928 17 53 38, www.centromirak.com, diverse Massagen (30 Min. ab 22 €), Körperpeeling (20–27 €), Aromatherapie (30 Min. 25 €), Hot Stone (80 Min. 50 €)

4 Corralejo

Die große Ferienstadt bietet einen der schönsten Strände der Insel

Information

■ Oficina de Turismo, Avenida Marítima 2, Tel. 928 86 62 35, www.visitcorralejo.com

Aus einem Fischerdorf hervorgegangen, entwickelte sich Corralejo zu einer der größten Urlaubersiedlungen Fuerteventuras mit 20 000 Gästebetten. Das Publikum ist international. An der Meerespromenade vor der Altstadt und in den angrenzenden Gassen hat sich eine lebendige Restaurantszene etabliert. Corralejo ist auch für sein Nachtleben bekannt, das sich in Pubs und Musikbars abspielt. Der Hafen, in dem heute neben Fischerbooten zahlreiche Jachten liegen und die Fähren nach Lanzarote ablegen, ist Ausgangspunkt für Segeltörns, Boots- und Tauchausflüge. In der Meerenge El Río zwischen Corralejo und der Insel Lobos flitzen Wind- und Kitesurfer hin und her. Wellenreiter zieht es an die exponierten Spots der Klippenküste im Norden. Südlich des Hafens vor den Hotels erstrecken sich mehrere kleinere Badebuchten. Die wahre Attraktion von Corralejo sind jedoch die Grandes Playas außerhalb des Ortes.

Sehenswert

Grandes Playas

| Strand |

2 *Heller Sand und flache Lavaklippen*

Die 8 km lange Naturstrandzone blieb bis auf zwei einsame Hotels, um die sich einige Strandlokale gruppieren, völlig unbebaut. Seit 1982 steht das

Mit Ruhe, Schönheit und Abgeschiedenheit locken die geschützten Grandes Playas

Gebiet unter Naturschutz. Die nordöstlich vorgelagerte Insel Lobos hält hohe Brandung fern, daher eignen sich die Grandes Playas relativ gut zum Baden. In ihrem Hinterland, jenseits der Landstraße FV-1A, erstreckt sich das riesige Dünenfeld El Jable. Nur wenige Tierarten leben in dem gewaltigen Sandkasten, darunter die seltene Fuerteventura-Kragentrappe, ein großer Laufvogel. Bei einer Erkundungstour zu Fuß lassen sich Fossilien entdecken, die ovalen Nester von Erdbienen, die hier vor Jahrtausenden unter feuchteren Klimaverhältnissen existierten.

Villa Tabaiba

| Gebäude |

Nur von außen zu bewundern ist das skurrile Wohnhaus des surrealistischen Malers und Bildhauers Carlos Calderón Yruega (»Solrac«). Er verzierte seine Villa mit fantasievollen Reliefs und Keramiken, setzte bizarre Schornsteine auf das Dach.

■ Avenida Grandes Playas 139

Verkehrsmittel

Autofähre: Nach Playa Blanca (Lanzarote) geht es tagsüber ca. stündlich mit Naviera Armas (www.navieraarmas.com) und Fred. Olsen Express (www.fredolsen.es), Fahrzeit 30 bzw. 15 Min. Ohne Auto kosten Hin- und Rückfahrt ca. 60 €. Tickets online oder am Schalter im Fährterminal.

Personenfähre: Zur unbewohnten Isla de Lobos starten kleine Fähren der Grupo Lobos (www.islalobos.es), im Sommer 6 x tgl., im Winter 3 x (Fahrzeit 15 Min.). Tickets am Hafenschalter, Hin- und Rückfahrt 16 €, erm. 10 €. Der Zugang zur Insel wurde auf max. 200 Besucher begrenzt. Online-Anmeldung (www.lobospass.com) ist Pflicht. Man kann diese auch kurzfristig vornehmen, meist ist Platz vorhanden.

Bus: Häufig nach Puerto del Rosario und Lajares/El Cotillo. Busbahnhof (Estación de Guaguas) in der Avenida Juan Carlos I (westl. Ortsrand, ca. 15 Min. Fußweg zum Zentrum).

Parken

Gebührenfreie Parkplätze hinter dem **Hafen** und in der angrenzenden **Calle Malpaís** (wichtig für Bootsausflügler!). Frühes Kommen, am besten vor 10 Uhr, ist ratsam, da es tagsüber eng wird. Wer das Stadtzentrum besuchen will, steuert am besten den Parkplatz in der **Calle Palangre** an (gebührenfrei, 10 Min. Fußweg zum Zentrum). Auch das Parken in den schmalen **Einbahnstraßen** westlich des verkehrsberuhigten Zentrums ist gratis. Weitere Parkmöglichkeiten auf Erdparkplätzen beim **Busbahnhof** (15 Min. Fußweg zum Zentrum). Viele Hotels bieten ihren Gästen Parkplätze oder -garagen, oft gegen Gebühr (ca. 6 € pro Tag). An den Grandes Playas gibt es in der Nähe des Hotels **Riu Oliva Beach** gebührenfreie Parklücken, die aber je nach Saison knapp werden können. An der Zufahrt zum Hotel **Riu Tres Islas** besteht Parkverbot. Im weiteren Verlauf der Grandes Playas gibt es entlang der FV-1A hier und da ausgewiesene Parkzonen, etwa bei Km 22 am (inoffiziellen) **FKK-Strand**. Aus Gründen des Naturschutzes sollte nicht »wild« geparkt werden.

Restaurants

€ | Gilda Nettes kleines Lokal, dessen Spezialität Tapas und »pinchos«, aufwendig belegte Brote auf baskische Art, sind. Täglich wechselnde Speisekarte. ■ Calle Delfin, Tel. 928535890, Mo–Sa 11–23 Uhr

€ | Mesón Las Tejas Hier wird typisch kanarisch gespeist, etwa gegrillter Fisch mit »papas arrugadas« und »mojo«. ■ Calle Dr. Aristides Hernandez Morán 10, Tel. 676310194, Mo, Di und Do–Sa 18–23, So 13–16 und 19–23 Uhr

€€ | Casa Manolo In dem familiengeführten Restaurant kommt frisch gekochtes Essen auf den Tisch. Zur Paella schmeckt Sangría mit vielen Früchten. ■ Calle María González Carballo 13, Tel. 928866575, Di–Fr 18–24, Sa 13–17, 20–24, So 13–17 Uhr

€€ | La Taberna Das alteingesessene Lokal wird auch von einheimischen Gästen geschätzt. Bewährt für Steaks, Paella, Meeresfrüchte. ■ Calle Hernán Cortés 10, Tel. 928535027, Mo–Sa 18–24 Uhr

Cafés

Café de Paris Gut mit Hefeschnecken, Palmherzen und anderen süßen Teilchen bestückte Theke. Außen Tische in einem Fußgängerbereich, innen nostalgischer französischer Stil. ■ Avenida Nuestra Señora del Carmen, Tel. 928535132, tgl. 8–21.45 Uhr

ADAC Mobil

Nach **Lanzarote** und **Gran Canaria** werden organisierte Tagesausflüge ab Fuerteventura angeboten. Individueller und preisgünstiger ist die Fahrt in eigener Regie, die sich per Fährschiff recht einfach realisieren lässt. Ab Corralejo geht es nach Playa Blanca an der Südküste von Lanzarote (siehe Verkehrsmittel). Dort empfiehlt sich die Anmietung eines Wagens (z. B. am Fährhafen bei Cicar, www.cicar.com), um etwas von der Insel zu sehen. Ab Morro Jable gelangt man per Express-Fähre (S. 110) nach Las Palmas, der Hauptstadt von Gran Canaria. Diese bietet so viel, dass der Tag im Nu vergeht.

Beim Drachenfest an den Grandes Playas sind der Fantasie keine Grenzen gesetzt

Einkaufen

Clean Ocean Project Die auf Fuerteventura ansässige Initiative kämpft für die Vermeidung schwer abbaubaren Abfalls zum Schutz der Weltmeere und Strände. Verkauf von T-Shirts, Sweatshirts und Taschen aus Öko-Materialien mit dem Logo der Organisation. ■ Calle Playa Cho León 32, www.cleanoceanproject.org, Mo–Sa 11–14 und 17–20 Uhr

Galería La Fuentita Bekanntester Souvenirladen im Ort. Modernes Kunsthandwerk, Dekoartikel, Modeschmuck, vieles davon auf Fuerteventura produziert. ■ Calle La Galera 2, www.galerialafuentita.com, Mo–Sa 10–22, So ab 11 Uhr

Mercadillo de Corralejo Auf dem bunten Wochenmarkt mit ca. 150 Ständen kaufen Einheimische Kleidung und Hausrat, Touristen stöbern nach Mitbringseln. ■ Avenida Nuestra Señora del Carmen (beim Acua Water Park), Di und Fr 9–14 Uhr

2 **Mercado Canario** Anspruchsvoller Markt für kanarisches Kunsthandwerk, wie etwa Stickereien, Körbe oder Keramik, sowie kulinarische Spezialitäten von den Inseln. Oft treten Folkloregruppen auf. Restaurants, Bars sowie Gratis-Parkgarage vorhanden. ■ Centro Comercial El Campanario, Calle Hibisco 1, Do und So 10–14 Uhr

Kneipen, Bars und Clubs

Blanco Café Angesagte Cocktailbar mit aktueller Musik, Lounge und Terrasse. ■ Calle La Iglesia 27, Do–Mo 17–2 Uhr

Rock Café Fuerteventura Hier wird Musik der 1980er-/1990er-Jahre oft

live in passendem Ambiente präsentiert. Gute Mixgetränke, kleine Speisekarte, tolle Atmosphäre. ■ Avenida Nuestra Señora del Carmen (Centro Comercial Plaza), www.rockcafefuerteventura.com, tgl. 10.30–1.30 Uhr

Kinder

Acua Water Park Der einzige Wasserpark Fuerteventuras bietet diverse Pools und Rutschen, allen voran den »reißenden Fluss«, sowie ein Wellenbad und für die Eltern Sonnenliegen und den Big Jacuzzi. Mit Kinderclub für die ganz Kleinen, Poolbar und Selbstbedienungsrestaurant. Gratis-Parkplatz. An manchen Wochentagen Zubringerbusse von anderen Ferienorten. ■ Avenida Nuestra Señora del Carmen 41, Tel. 928 58 01 00, www.acuawaterpark.com, April, Mai und Sept., Okt. Fr–Di 10.30–17.30, Juni–Aug. tgl. 10–18 Uhr, 29 €, erm. 22 €

Minicrucero Lobos Bei geeignetem Wetter geht es mit dem Glasbodenboot zur Panoramatour entlang der Küste von Lobos. Die Gegend gilt als besonders fischreich. Mit einstündiger Badepause, Schnorchelausrüstung wird gestellt. Anschließend kann man in Lobos aussteigen und mit einer späteren Fähre zurückfahren. ■ Puerto de Corralejo, Tel. 619 636 59 55 81, 696 99 87 00, www.islalobos.es, tgl. 11.45–13.15 Uhr, 25 €, erm. 15 €

Events

Festival Internacional de Cometas Drachenlenker aus ganz Europa treffen sich vier Tage lang an den Grandes Playas, um ihre fantasievollen, farbenprächtigen Konstruktionen im Passatwind steigen zu lassen. Jeder kann mitmachen. Achtung: Drachen müssen im Flugzeug als Sondergepäck angemeldet werden! ■ Playa de El Burro (nördl. der Riu-Hotels), zweite Novemberwoche, Eintritt frei

Erlebnisse

Catlanza Der schnittige Hochsee-Segelkatamaran läuft zu mehrstündigen Ausflügen zu den herrlichen Papageienstränden im Süden Lanzarotes aus. Die Familientour »Gold« (69 €, erm. 49 €) ist für alle Altersgruppen gedacht, Piratenspaß inklusive. Nur an Erwachsene wendet sich die »Platin«-Tour (69 €), bei der unterwegs ein Champagner-Cocktail serviert wird. Abholung an Hotels in Corralejo und Caleta de Fuste im Preis inbegriffen. ■ Puerto de Corralejo, Tel. 928 51 30 22, www.catlanza.com

Sport

Flag Beach Professionell geführte Wind- und Kitesurfschule. Auch Wellenreiten, Wing foil, SUP und Yoga. ■ Playa de la Galera, Tel. 928 86 63 89, www.flagbeach.com, Anfänger-Tageskurs Windsurfen 55 €

Point Break: Ähnliches Angebot wie Flag Beach. In nur 2 Std. kann SUP hier einigermaßen passabel erlernt werden. ■ Calle Victor Grau Bassas, Tel. 666 98 37 57, www.pointbreakschool.com, 45 €

Punta Amanay Tauchbasis unter deutsch-belgischer Leitung, die Kurse durchführt und Tauchgänge organisiert. ■ Calle El Pulpo (Dunas Club), Tel. 928 53 53 57, www.punta-amanay.com, Schnuppertauchen ab 89 €

Vulcano Biking Verleih für Mountainbikes, Rennräder und Kinderräder. Auch geführte Touren sind möglich. ■ Calle Acorazado España 10, Tel. 928 53 57 06, www.vulcano-biking.com, Mo–Sa 10–13 und 18–20 Uhr, Mountainbike-Verleih ab 8 €/Tag

In der Umgebung

Isla de Lobos

| Insel |

3 *Durch eine Meerenge voneinander getrennt*

Die 2 km breite Meerenge El Río trennt Fuerteventuras kleine Nachbarinsel von Corralejo. Der Zugang ist seit 2019 auf 200 Menschen pro Tag beschränkt, Personenfähren fahren hinüber (S. 30). Auf dem Eiland wohnt heute niemand mehr dauerhaft. Einheimische Angler bevölkern die winzige Fischersiedlung El Puertito in den Ferien. Das einzige Lokal öffnet unregelmäßig. Trinkwasser und Proviant sollten Tagesausflügler in jedem Fall mitführen. Die Fähren legen an der Steinmole vor einem Besucherzentrum an, das über Flora und Fauna, Geologie und Geschichte von Lobos informiert. Früher lebte auf dem Eiland die Mittelmeer-Mönchsrobbe, der für die Insel namengebende »lobo marino« (Meerwolf). Jäger, die den Speck der Tiere

Ein »blaues Wunder« erwartet Ausflügler beim Besuch des Eilands Isla de Lobos

zur Ölgewinnung nutzten, rotteten sie im 19. Jh. aus.
Auf einem ausgeschilderten Rundweg (3 Std., einfach) lässt sich die von winzigen Vulkankegeln übersäte Insel kennenlernen. Etappenziel an der Nordspitze ist ein Leuchtturm (Faro de Martiño), von dessen Terrasse sich ein schöner Blick bietet. Anschließend kann man an der Sandbucht Playa de La Calera entspannen, hinter der Archäologen jetzt eine Römersiedlung ausgraben. Oder man sucht Schatten unter dem Dach der Ruhezone in El Puertito, wo ein Skelett eines Kurzflossen-Grindwals ausgestellt ist.

5 Lajares

Durchreisende Surfer finden hier Kultlokale und Profi-Ausstatter

Die lange Calle Coronel Gonzalez del Hierro verläuft von Ost nach West durch das Dorf. An ihr reihen sich Geschäfte und auffällig viele Lokale aneinander, deren Tische im Freien sich ab dem Vormittag mit Urlaubern füllen. Viele Surfer pendeln je nach Wind- und Wetterlage zwischen den Stränden von Corralejo und El Cotillo hin und her, nicht ohne unterwegs in Lajares einzukehren. Es geht ausgelassen und szenig zu, aus den Lautsprechern schallt alternative Musik, auf den Speisekarten stehen vegetarische und vegane Gerichte. Das ehemals bäuerliche Lajares lässt sich noch abseits der Hauptstraße entdecken. Richtung Süden führt die Calle Central zur Wallfahrtskirche Ermita de San Antonio (Anfang 20. Jh.). Neben ihr steht eine Windmühle vom Typ »molino«, gegenüber erhebt sich eine grazile »molina« (siehe »Im Blickpunkt«, S. 27).

Im Blickpunkt

Junge Vulkane

Die Vulkanreihe zwischen Lajares und Corralejo entstand vor rund 8000 Jahren bei den wohl letzten Eruptionen auf Fuerteventura über einer Spalte in der Erdkruste. Gewaltige Lavaströme ergossen sich nach Norden ins Meer und schufen die zerküftete, unwirtliche Küste im Norden Fuerteventuras. Bis auf die winzige Fischersiedlung Majanicho und einige verstreute Ziegenhöfe blieb diese Gegend unbesiedelt.
Ein Wanderweg (hin und zurück 1,5 Std.) beginnt am Nordrand von Lajares, an der Straße nach Majanicho. Dort folgt man der Beschilderung Richtung Calderón Hondo auf die in allen Gelb- und Rottönen schimmernde Montaña Colorada (244 m) zu, umgeht diese südlich und zweigt auf einer steinigen Hochfläche links ab zum Aussichtspunkt am Calderón Hondo (278 m) mit Blick in dessen 70 m tiefen Krater (mit Rückweg 1,5 Std., leicht).

Restaurants

€€ | La Cancela Ein echter Italiener mit netter Atmosphäre in einem Landhaus. Bei der Zubereitung der krossen Pizzen kann man zuschauen. Im Angebot sind auch viele vegetarische Optionen. ■ Calle Central 2, Tel. 928 86 85 68, www.pizzeria-lacancela.com, Mi–Mo 17–23 Uhr

Cafés

Mazzo Zeitgemäßes Lokal mit appetitlich angerichtetem Kuchen und frisch gepressten Obstsäften. Auch zum Frühstück oder für ein kleines Mittagessen eine gute Wahl. ■ Calle Coronel Gonzalez del Hierro 13, Tel. 928 86 42 29, Mo–Sa 8–19, So 8–16 Uhr

Einkaufen

La Vaca Loca Alle schönen Dinge sind hier aus Wolle. Gestrickt werden Mützen und Schals, aus Wollfilz gefertigt Pantoffeln, Taschen, witzige Tierfiguren und die dekorativen »Rosenkörbchen«. ■ Calle Coronel González del Hierro 36, Mo, Di und Do, Fr 10–16, Sa 10–14.30 Uhr

Northshore Vom ehemaligen Surfweltmeister Jürgen Hönscheid gegründeter, jetzt von Gunner Biniasch geführter, gut sortierter Shop für Boards und Accessoires. ■ Calle Coronel González del Hierro 68, www.northshorefuerte.com, Mo–Sa 10–14 Uhr

Kneipen, Bars und Clubs

Canela Café Am späteren Abend oft Livemusik. Vorher genießt man einen Drink oder Snack, gern an den Tischen vor der Tür. ■ Calle Coronel González del Hierro 30, Mi–Fr, So 10–24, Sa 9–24 Uhr

6 El Cotillo

Fischerort mit schönen Stränden und Unterkünften für Individualtouristen

Wer es etwas geruhsamer angehen möchte, urlaubt am besten in El Cotillo. Der alte Dorfkern ist noch ganz ursprünglich mit seinem alten, nicht mehr genutzten Hafen, dem Puerto Antiguo, um den sich die Häuser der Fischer drängen. In einigen haben sich Restaurants und Kneipen etabliert, die dank ihres besonderen Flairs immer gut besucht sind. Südlich grenzt an den Ort die langgestreckte Playa del Castillo, die sich wegen der oft hohen Brandung bei Wellenreitern großer Beliebtheit erfreut. Zum Baden besser geeignet sind die stillen Caletillas im Norden. Die erste und größte dieser durch Lavaklippen voneinander getrennten Sandbuchten, die Playa de Los Lagos, ist touristisch durch ein Hotel und mehrere kleine Apartmentanlagen erschlossen.

Sehenswert

Castillo de El Tostón

| Festung |

Der Rundturm entstand nach dem Angriff britischer Korsaren auf Tuineje (S. 69) im Jahr 1740. El Cotillo war damals einer von drei Exporthäfen auf Fuerteventura, die durch Festungen gesichert wurden. Der Hafen zu Füßen des Castillo erhielt in jüngerer Zeit eine hohe Mole. Jetzt liegen hier Fischerboote. Von der Dachterrasse des Wehrturms bietet sich ein Panoramablick über den Ort und die Playa del Castillo. Neben dem Turm steht das Skelett eines Cuvier-Schnabelwals, Teil des Wal-Lehrpfads (S. 60).

Castillo de El Tostón: eine Festung mit Weitblick zum Schutz vor Piratenübergriffen

■ Calle Castillo de Rico Roque, Mo–Fr 9–16, Sa, So 9–15 Uhr, Eintritt frei

Parken

Die beste Parkmöglichkeit besteht am Südrand von El Cotillo beim Wehrturm **Castillo de El Tostón** (gebührenfreier Erdparkplatz, jeweils 5 Min. Fußweg zum Puerto Antiguo und zur Playa del Castillo). Es macht wenig Sinn, weiter ins Ortszentrum hineinzufahren, da Parklücken dort knapp und von Anwohnern belegt sind.
Wer die Caletillas besucht, steuert am besten den großen Erdparkplatz an der zweiten Bucht, der **Playa de La Concha**, an. Bei den kleineren nördlichen Buchten liegt die Asphaltdecke der Straße deutlich über dem Niveau des angrenzenden Geländes, was das Parken sehr erschwert.

Restaurants

€ | **Chiringuito el Muellito** Uriges Lokal nahe dem alten Hafen. Kleine maritime Gerichte, gut geeignet für ein leichtes Mittagessen. ■ Calle Gran Canaria 86, Tel. 618 82 24 36, Di–So 11–21 Uhr

4 € | **El Mirador** Von der oberen Terrasse bietet sich ein sensationeller Blick auf den Puerto Antiguo, wenn man einen Tisch an der Meerseite ergattert hat. Aus der Küche kommen typisch kanarische Gerichte mit Betonung auf Fisch, eher unspektakulär, aber solide. So lieben es die Einheimischen, die das Restaurant am Wochenende füllen. ■ Calle Muelle Chico, Tel. 928 53 88 38, Mo 13–16, Mi–So 13–22 Uhr

€€ | **El Roque de los Pescadores** Ein bewährter Klassiker mit großer Außenterrasse am neuen Hafen. Der

ADAC Wussten Sie schon?

Die **hellen Strände** Fuerteventuras geben oft Anlass zu der Spekulation, ihr Sand sei von Afrika herübergeweht worden. Immerhin liegt die Insel nur etwa 120 km von der marokkanischen Küste entfernt. Dennoch kann der Wind Sandkörner nicht über diese Distanz transportieren. Vielmehr handelt es sich um winzige Bruchstücke der Kalkschalen von Muscheln und Meeresschnecken, die von der Brandung zerrieben wurden. Meist sind dunkle Körner aus Lavagestein beigemischt.

Schwerpunkt liegt auf Fisch und Meeresfrüchten. ■ Calle Mallorquin 2, Tel. 928 53 87 13, tgl. 12–23.30 Uhr

Cafés

El Goloso del Cotillo Bäckerei (Selbstbedienung) mit Sitzbereich, wo Baguettes, Croissants, Tartes und »cabritas« (Mürbeteig-Zicklein) zum Kaffee oder frisch gepressten Saft munden. ■ Calle Pedro Cabrera Saavedra 2, Tel. 928 58 69 41, tgl. 7.30–20 Uhr

Kneipen, Bars und Clubs

Coyote Bar Nette Musikbar mit Blick auf den alten Hafen und erschwinglichen Cocktails. Oft greifen Musiker zur Gitarre und interpretieren Santana oder Eric Clapton. ■ Calle Gran Canaria 40, Mo–Do 18–2, Fr–So 12–2 Uhr

Kinder

Granja Tara Auf diesem deutschsprachigen Reiterhof, der sich um notleidende Pferde kümmert, sind Besucher willkommen. Für die kleinen Gäste gibt es Pony- und Eselreiten, für die größeren Ausritte an die Küste und in die Berge. Auch Anleitungen in Mindfulness, dem Aufbauen einer vertrauensvollen Beziehung zum Tier, sind im Angebot. ■ El Roque, Tel. 607 55 26 61, www.tara-fuerteventura.com

Events

Fuerteventura en Música Großes Festival mit Musikrichtungen wie Rock, Folk oder Reggae. Die Interpreten kommen von den Kanaren, aus Afrika und Lateinamerika. ■ Playa de La Concha, ein Wochenende Anfang Juli, Eintritt frei

Sport

FreshSurf Innovative Surfschule, die auch Wellenreiten in Kombination mit Yoga oder Kurse für die ganze Familie anbietet. Tages-Surfkurs 60 €. ■ Calle Hermanas del Castillo 4, Tel. 639 49 21 23, www.freshsurf.de

In der Umgebung

Faro de El Tostón

| Leuchtturm |

5 *Drei Generationen von Leuchttürmen sind zu bestaunen*

Ein erster, nur 6 m hoher Turm entstand 1897 zusammen mit dem Wärterhaus, in dem heute das **Museo de la Pesca** Tradicional die handwerkliche Fischerei auf Fuerteventura dokumentiert. In den 1950er-Jahren entstand ein neuer, achteckiger und 15 m hoher Turm. Auch dieser veraltete und wurde 1985 durch einen automatisch arbeitenden, rot-weiß gestreiften und 38 m hohen Nachfolger ersetzt. Nach dem

Museumsbesuch kann man mit einem Getränk aus der Cafeteria an einem der windgeschützten Tische vor dem Haus Platz nehmen. Ein 800 m langer Naturlehrpfad führt in die Umgebung der Leuchttürme. Er informiert über Geologie, Flora und Fauna, Strandgut und Fischerei.

■ www.cabildofuer.es, Di–Sa 10–17 Uhr, 3 €

7 Villaverde

Ruhiger Bauernort mit einigen Unterkünften und Restaurants

Der dunkle Vulkankegel Montaña de la Arena mit seinen Lavaschollenfeldern, in denen Ziegen ihre karge Nahrung suchen, beherrscht den Ort im Nordwesten. Die fruchtbareren rötlichen Böden östlich und nördlich von Villaverde wurden früher für den Getreideanbau genutzt, heute liegen die meisten brach. Kilometerweit zieht sich die lockere Bebauung mit Bauernhöfen und neueren Villen entlang der Landstraße FV-101. Ein Zentrum ist allenfalls bei der Kirche Ermita San Vicente Ferrer auszumachen. Dort drängen sich Spielplatz, Ringkampfarena, Fußballfeld und zwei Kneipen zusammen.

Sehenswert

Cueva del Llano

| Höhle |

Der Vulkantunnel bildete sich vor einer Jahrmillion unter einem Lavastrom, der an der Oberfläche erstarrte, während weiter unten das flüssige Gestein abfloss. Bis auf Weiteres darf die Höhle wegen Einsturzgefahr nicht betreten werden. Das in ein Loch in der Höhlendecke hineingebaute Besucherzentrum mit einer Vulkanismusausstellung und Shop ist jedoch zugänglich.

■ Calle V. Bello 11, www.cabildofuer.es

Restaurants

€€ | Casa Marcos 2.0 Das aus einer Gastrobar hervorgegangene Restaurant in einem schön renovierten Bauernhof gilt als eine der Topadressen auf der Insel. Traditionelle Rezepte wurden kreativ abgewandelt. Vegetarische Varianten. ■ Calle de los Geranios 10, Tel. 928 17 67 04, www.casamarcos-villaverde.com, Mi–Sa 12.30–23, So bis 16 Uhr

€€ | El Horno Aus dem Ofen des rustikalen Restaurants kommen köstliche geschmorte Fleischgerichte, etwa Spanferkel oder Zicklein mit Gemüse und Kartoffeln. Auch Fisch vom Grill, große Auswahl an Vorspeisen, umfangreiche Weinkarte. ■ Calle del Centro 44, Tel. 928 86 86 71, Mo, Di, Do–Sa 12.30–23, So 12.30–16.30 Uhr

€€ | Mahoh Rustikale Atmosphäre in einem alten Steinhaus mit deftigen Fleischspezialitäten vom Holzofengrill. Von der Terrasse blickt man in den lauschigen Garten. ■ Sitio de Juan Bello, Tel. 661 38 80 66, www.mahoh.com, Mi–So 13–23 Uhr

Einkaufen

Quesos Guriamen Der gut sortierte Käseladen wird von der örtlichen Kooperative betrieben, die – wie könnte es auf Fuerteventura anders sein – den »Queso Majorero« in allen Varianten im Angebot hat: frisch und gereift, geräuchert oder mit Paprika verfeinert. Vor einigen Jahren wurden die Produkte von Guriamen sogar zum »besten Käse der Kanaren« gekürt. ■ Calle las Huertas 45, Mo–Fr 8.30–14.30 Uhr

8 La Oliva

Landstädtchen mit interessanten Baudenkmälern und Museen

Noch heute ein Blickfang: die prächtige Casa de los Coroneles, einst Sitz der Obristen

Information

- Das Tourismusbüro der Gemeinde La Oliva befindet sich in Corralejo (S. 29).
- Veranstaltungsprogramm unter www.laoliva.es
- Parken: siehe S. 44

In La Oliva (1300 Einw.) geht es äußerst beschaulich zu, obwohl hier das Rathaus einer Gemeinde, der die Ferienorte des Inselnordens angehören, steht. Um den Ort werden in geringem Umfang Tomaten und Aloe vera angebaut, große Bedeutung hat die Landwirtschaft aber nicht mehr. Es gibt nur wenige Läden und Lokale, die der historischen Bedeutung der Kleinstadt und dem dadurch angelockten Kulturtourismus kaum gerecht werden. Dabei steht mit der Casa de los Coroneles eine wirklich hochkarätige Sehenswürdigkeit in La Oliva. Nach einer Besichtigung der imposanten Kirche bietet es sich an, in der Cafeteria Aboccaperta beim Rathaus eine Rast einzulegen, einen Kaffee zu trinken und dabei das geschäftige Kommen und Gehen zu verfolgen.

Seinen Namen verdankt der Ort dem offenbar zur Eroberungszeit reichlichen Vorkommen des wilden Ölbaums, der allerdings keine essbaren Oliven hervorbringt. Die heute auf

Plan
S. 43

Fuerteventura kultivierten Ölbäume wurden erst in jüngerer Zeit aus dem Mittelmeerraum importiert. Lange Zeit befand sich hier nur eine unbedeutende Bauernsiedlung. Ab 1708 bis weit ins 19. Jh. hinein war La Oliva die faktische Hauptstadt der Insel (siehe »Im Blickpunkt«, S. 42). Danach spielte es als Agrarzentrum noch eine gewisse Rolle. 1968 begann die touristische Entwicklung im nahen Corralejo. Die meisten Arbeitskräfte verließen die landwirtschaftlichen Betriebe, um sich eine Beschäftigung in den Hotels oder Restaurants zu suchen. Damit verlagerte sich das geschäftliche und soziale Leben an die Küste.

Sehenswert

1 Iglesia Nuestra Señora de Candelaria

| Kirche |

Bei dem gedrungenen Bau handelt es sich um eine der größten Kirchen Fuerteventuras. Seitlich überragt ein klobiger Natursteinturm die drei gleich hohen Schiffe. Die Ursprünge des Gotteshauses liegen im 16. Jh., das Renaissance-Hauptportal entstand Ende des 17. Jh. Hingegen wurde der wehrhafte Turm wohl erst in der Zeit des Oberstenregiments errichtet. In seinem Glockenstuhl hielt ständig ein Wachposten Ausguck nach Piraten und Korsaren, um die Stadtbewohner rechtzeitig warnen zu können. Diese konnten sich im Angriffsfall in dem Kirchturm verschanzen. Im Inneren ragt das Polyptychon über dem Hauptaltar heraus, das mehrteilige Gemälde ist ein Werk des wohl talentiertesten Barockkünstlers der Kanaren, Juan de Miranda Cejas (1723–1805).

■ Plaza de la Iglesia, tagsüber meist geöffnet, ansonsten zur Messe Mi 18, So 12.30 Uhr

2 Casa de los Coroneles

| Palast |

3 *Zinnengekrönter Gutshof am Ortsrand*

Als standesgemäßen Wohnsitz erbauten sich die Obersten das größte Gutshaus der Kanarischen Inseln am östlichen Ortsrand von Oliva. Zwei gedrungene Türme flankieren das breite Gebäude. Sie sind von Zinnen gekrönt, ein Zeichen der Macht, das eine beson-

Im Blickpunkt

Das Regiment der Obersten

Ursprünglich übte der in Betancuria ansässige Feudalherr sowohl die zivile als auch die militärische Macht auf der Insel aus. Ein neues Gesetz sah ab 1708 eine Gewaltenteilung vor. Die militärische Befehlsgewalt oblag nun dem Oberst (»coronel«) eines Milizenregiments, der sich in La Oliva niederließ. Inzwischen waren die Feudalherren längst nach Teneriffa übergesiedelt, wo es sich angenehmer in der Gesellschaft des kanarischen Adels leben ließ. Stillschweigend übertrugen sie den Coroneles auch die zivile Herrschaft über Fuerteventura. Deren Amt war erblich und wurde nacheinander von sieben Mitgliedern der Familie Cabrera Béthencourt ausgeübt. Durch eine geschickte Heiratspolitik vergrößerten die Obersten ihren Grundbesitz, bis ihnen schließlich etwa ein Drittel der Insel gehörte. So war auch ihr wirtschaftlicher Einfluss immens. Durch die Reformpolitik von König Carlos III. wurde ihre Macht gegen Ende des 18. Jh. erstmals beschnitten. Nach einer liberaleren Epoche zwischen 1808 und 1815 konnten die Obersten ihren Einfluss noch einmal festigen. Doch 1834 zog der Inselrat von Betancuria nach Antigua und ein Jahr später nach Puerto de Cabras (dem heutigen Puerto del Rosario) um, das 1860 schließlich zur alleinigen Hauptstadt von Fuerteventura erklärt wurde. Das Regiment von La Oliva wurde schon 1859 aufgelöst.

dere Genehmigung des Landesherrn voraussetzte. Über dem Portal ist das Wappen der Familie Cabrera Béthencourt zu sehen. Während der Franco-Diktatur waren wiederum militärische Dienststellen in der Casa de los Coroneles untergebracht. Über deren zahlreiche Fenster erzählte man sich damals hinter vorgehaltener Hand, für jeden Tag im Jahr gäbe es eines zum Ausruhen für die Beamten. Tatsächlich hat die Casa aber nicht 365, sondern nur etwa 100 Fenster. Um den Innenhof gruppieren sich unten die ehemaligen Wirtschaftsräume, also Küche, Ställe und Vorratslager. Im Obergeschoss umspannt eine elegante Holzgalerie den Patio. Dahinter verbergen sich die einstigen Wohnräume, in denen heute eine Ausstellung zur Geschichte des Hauses gezeigt wird, an der rückwärtigen Seite befindet sich der Prunksaal.

■ Calle Los Coroneles, www.lacasadeloscoroneles.org, bei Redaktionsschluss wegen Renovierungsarbeiten geschlossen

3 Casa Mané

| Kunstausstellung |

Gründer des Kunstzentrums, das eine interessante Sammlung moderner Malerei und Plastiken besitzt, war Anfang der 1990er-Jahre der Galerist Manuel Delgado Camino (1930–2016) aus Las Palmas de Gran Canaria. Später leitete seine Tochter Belinda Delgado das zu einem wahrhaftigen Museum für zeitgenössische kanarische Kunst herangewachsene Projekt. Den würdigen Rahmen bietet ein ehemals herrschaftliches Haus (19. Jh.) mit wunderschönem Garten ganz in der Nähe der Casa de los Coroneles. Zu den bekanntesten hier vertretenen Namen zählt der des Künstlers Albert Agulló (1931–

2018) aus Elche, der lange auf den Kanaren lebte und Mitglied der Künstlergruppe Grup d'Elx war. Von ihm stammen die 72 Ziegenskulpturen aus Metall im Garten mit dem legendären Hirten »Majohoré«, der in seinen Händen ein Mobile hält, das sich im Wind dreht.

In den unterirdischen Ausstellungshallen hängen u. a. surrealistische und humoristisch-philosophische Aquarelle von Alberto Manrique de Lara sowie kraftvolle, farbintensive Akte von Mario Antígono, beides Künstler aus Las Palmas. Auch einige Skulpturen des berühmten Multitalents von der Nachbarinsel, César Manrique aus Lanzarote, sind vertreten. Allerdings ist das Kunstzentrum seit Beginn der Pandemie geschlossen und ein Termin für die Wiedereröffnung noch nicht bekannt.

■ Calle Salvador Manrique de Lara, www.centrodeartecanario.com

4 Casa del Capellán

| Architektur |

Das »Haus des Kaplans« steht etwas abseits rechts von der Zufahrt zur Casa de los Coroneles. Wie die Kirche von Pájara (S. 91), allerdings in bescheidenerem Ausmaß, ist es mit aztekisch anmutenden Steinmetzarbeiten verziert. Der Spaziergang dorthin lohnt wegen der hübschen floralen Motive, welche die Tür und das Fenster in der Ostwand säumen. Wahrscheinlich entstand das Gebäude im 18. Jh. Ob hier jemals ein Pfarrer lebte, ist unklar.

■ Calle El Barbero

5 Museo del Grano La Cilla

| Museum |

6 *Ein ehemaliger Getreidespeicher wird zum Museum*

Die Casa de La Cilla von 1819, dient heute als Kornmuseum. Hier lagerte die Obrigkeit den sogenannten Zehn-

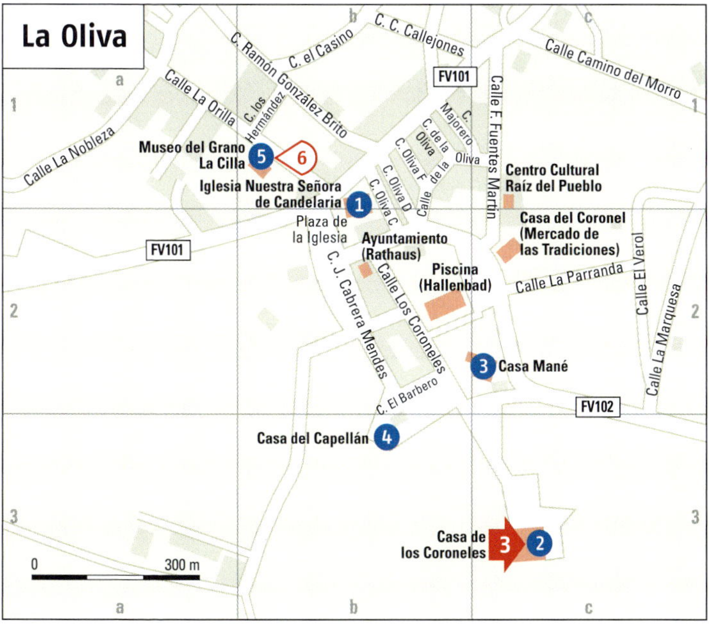

ADAC Wussten Sie schon?

Nördlich von La Oliva sind häufig die fünf bis sieben Meter hohen Blütenstände der **Sisalagave** zu sehen. Auch bei Villaverde, Lajares und sogar auf der kleinen Insel Lobos ist die auffällige Pflanze zu finden. Sie steht auf aufgelassenen Feldern. In den 1930er- und 1940er-Jahren wurden hier in großem Stil Sisalfasern gewonnen, um Kunstseide daraus herzustellen. Dann kam der Einbruch auf dem Weltmarkt durch die Konkurrenz billiger Kunstfasern. Man versuchte noch, auf die Produktion von Bootstauen umzustellen, ohne dauerhaften Erfolg. Heute ist die Pflanze eine Kuriosität, auch deshalb, weil sie wie alle Agaven nur einmal in ihrem Leben blüht und dann abstirbt. Zuvor haben sich allerdings schon etliche Ableger gebildet. Dass Agaven 100 Jahre alt werden, gehört ins Reich der Legende. In der Regel entwickelt sich der Blütenstand nach etwa zehn Jahren.

ten, den die Bauern von ihrer Ernte abliefern mussten. Das Gebäude hat nur kleine, vor der Sonne durch Vordächer geschützte Fenster. So blieb es im Inneren angenehm kühl. Gezeigt werden historische Fotos und traditionelles landwirtschaftliches Gerät, das bis in die 1970er-Jahre hinein in Gebrauch war. Außerdem wird über die früher auf Fuerteventura angebauten Getreidesorten, ihre Kultivierung und Verwendung informiert.

■ Calle La Orilla 5, www.lacilladelaoliva.org, Di–Sa 10–17 Uhr, Eintritt 3 €, Kinder bis 12 J. frei

Verkehrsmittel

Bus: Ab El Cotillo 3–4 x tgl.; ab Corralejo 1x tgl., ansonsten mit Umsteigen in Lajares in den Bus von El Cotillo (www.tiadhe.com).

Parken

Das Parken ist in La Oliva recht unproblematisch und überall gebührenfrei. Immer genügend Parkplätze findet man rund um die **Kirche** sowie an der Zufahrtsstraße zur **Casa de los Coroneles** am Ortsrand.

Restaurants

€ | Hijos de Suarez Viel Auswahl gibt es in La Oliva nicht. So treffen sich alle früher oder später in diesem einfachen Lokal an der Hauptstraße, das wechselnde hausgemachte Tagesgerichte auf Empfehlung des Kellners auftischt. Von der kleinen Terrasse hat man einen schönen Blick hinüber zur Kirche und kann das Kommen und Gehen verfolgen. ■ Avenida Tababaire 18, Tel. 928 86 86 79, tgl. 8.30–23.55 Uhr, Plan S. 43 b1

Cafés

El Rubio Die Bäckerei und Konditorei liegt etwas versteckt. Sie stellt einige Tische sowohl innen als auch auf der kleinen Terrasse auf. Das schmackhafte Gebäck stammt aus eigener Fertigung. Schlichter Rahmen, aber günstige Preise. ■ Calle las Portadas 19, Tel. 928 86 83 82, Mi–Sa 6.30–14.30, So 6.30–13 Uhr, Plan S. 43 nördl. b1

Einkaufen

Finca Canarias Plantage mit angeschlossenem Shop und kleinem Museum. Es zeigt, wie Aloe vera in der Vergangenheit genutzt wurde und wie sie wirkt. Für Gruppen wird demonstriert, wie Anbau, Ernte und Verarbeitung funktionieren. Verschiedene hochwertige, komplett auf Fuerteventura produzierte Kosmetikprodukte aus der Wüstenlilie. ■ Ctra. FV-10 Richtung Villaverde, Mo–Do 9.30–18, Fr, Sa 9.30–17 Uhr, Eintritt frei, Plan S. 43 c1

Mercado de las Tradiciones Stilvoller Markt für kanarische Lebensmittel und Kunsthandwerk im Innenhof der Casa del Coronel (nicht zu verwechseln mit der Casa de los Coroneles). ■ Ctra. FV-102, Mitte Feb.–Dez. Di und Fr 9–14 Uhr, Plan S. 43 c2

Events

Virgen de la Candelaria Patronatsfest um Mariä Lichtmess. Eine Woche lang wird rund um die Pfarrkirche mit Sport und Spielen, Auftritten von Folkloregruppen und Komikern, Musik- und Tanzveranstaltungen und vielem mehr gefeiert. Am Haupttag, dem 2. Februar, findet nach der Mittagsmesse eine Prozession statt. ■ Plaza de la Iglesia, www.laoliva.es, Plan S. 43 b1/2

9 Tindaya

Viehhirtendorf mit dem heiligen Berg der Altkanarier

Unwirtliche Landschaft umgibt den kleinen Ort mit seinen 600 Einwohnern. Seine würfelförmigen weißen Bauernhäuser verteilen sich über eine Senke zu Füßen eines mystischen Berges vulkanischen Ursprungs, der wegen seiner geheimnisvollen Felszeichnungen die Fantasie des Betrachters seit jeher beflügelt. Die Menschen in Tindaya leben vor allem von der Ziegenhaltung. Ihre Freizeit verbringen sie in den zwei, drei Dorfkeipen.

Im kanarischen Stil erbaut und von Palmen umrahmt: das Dorfkirchlein in Tindaya

Sehenswert

Casa Alta de Tindaya

| Besucherzentrum |

Zu ihrer Erbauungszeit (18. Jh.) war die Casa das herrschaftlichste Haus im Ort, das einzige mit zwei Stockwerken. Ihrem Gründer brachte sie kein Glück. Er wurde eines Tages tot an der Montaña Tindaya aufgefunden, wofür die Dorfbewohner die Hexen verantwortlich machten, die der Legende nach den Berg bewachten. Jetzt präsentiert sich das Gebäude frisch renoviert als Besucherzentrum des Naturdenkmals Montaña Tindaya. Innen widmet sich eine Ausstellung dem Chillida-Projekt (siehe »Im Blickpunkt«) und den prähistorischen Funden am Berggipfel.

■ Calle de la Casa Alta (nahe südl. Ortseinfahrt), unregelmäßig geöffnet, Eintritt frei

Im Blickpunkt

Umstrittenes Kunstprojekt

Der baskische Bildhauer Eduardo Chillida (1924–2002) entdeckte Anfang der 1990er-Jahre die Montaña Tindaya und wollte sie in eine Großplastik verwandeln, um sein Lebenswerk zu krönen. Den umstrittenen Abbau des wertvollen Trachytgesteins an der Flanke des Berges gedachte er mit dem Schutz der prähistorischen Felsritzungen am Gipfel unter einen Hut zu bringen. Nach seinen Vorstellungen sollte das Innere der Montaña komplett ausgehöhlt werden und zugleich ihre äußere Struktur erhalten bleiben. Drei Stollen sollten ins Freie führen und zur Sonne, zum Mond und zum Meer weisen. Archäologen und Umweltschützer liefen Sturm gegen das Projekt, zu dessen Verwirklichung es zu Lebzeiten des Künstlers nicht kam. Jetzt möchten seine Erben und die kanarische Regierung das Vorhaben doch noch realisieren, der Widerstand ist nach wie vor groß.

Montaña Tindaya

| Berg |

Das Wahrzeichen von Tindaya ist dieser markante, 397 m hohe, geheimnisvolle Berg. Seine steilen Flanken ragen am nordöstlichen Ortsrand auf. Durch das ockerfarbene Trachytgestein unterscheidet er sich deutlich von den dunklen Vulkanaschekegeln der Umgebung. In die Felsen am Gipfel ritzten die Altkanarier fast 300 stilisierte Fußabdrücke, ähnlich wie sie auch im Siedlungsgebiet der Berber im Atlasgebirge Marokkos und Algeriens zu finden sind. Offenbar galt die Montaña Tindaya den Altkanariern als heilig, vielleicht brachten sie hier ihrer Gottheit Opfer dar. Auch als Observatorium soll der Berg den Altkanariern gedient haben.

In den vergangenen Jahren kam es wiederholt zu Vandalismus an den Felsritzungen. Einige wurden sogar herausgebrochen, vermutlich um sie auf dem illegalen Kunstmarkt zu verkaufen. Daher darf der Berg bis auf Weiteres nicht bestiegen werden. Eine mobile Wache ist ständig unterwegs, um dieses Verbot durchzusetzen. Bei Nichtbeachtung droht ein Bußgeld von 60 € pro Person. In Zukunft soll ein bewachter Lehrpfad mit Informationstafeln zu Geschichte, Flora und Fauna zum Gipfel führen.

Majestätisch und sagenumwoben: der den Altkanariern heilige Berg Tindaya

Restaurants

€ | **Los Podomorfos** Mit herrlichem Blick von der Terrasse auf die majestätische Montaña Tindaya speist man in diesem Restaurant Tapas und andere Snacks wie etwa »Ziegen-Hamburger«, die gern mit regionalen Zutaten aufgepeppt werden. Es gibt auch ein vegetarisches Speisenangebot (z.B. Falafel, gegrillte Paprika, Pilze mit Knoblauch). Die Portionen sind üppig. »Podomorfos« bedeutet übrigens so viel wie fußförmige Felszeichnungen. ■ Calle Virgen de la Caridad 70, Tel. 928 86 55 78, Fr–Mo 13–22 Uhr

Einkaufen

Quesos Tindaya Der Käse der gleichnamigen Marke wird hier hergestellt und verkauft. ■ Calle de la Casa Alta 15 (südl. Ortsrand), Mo–Sa 8–14 Uhr

In der Umgebung

Monumento a Miguel de Unamuno

| Denkmal |

Der baskische Schriftsteller und Philosoph wurde 1924 wegen Regimekritik für vier Monate nach Fuerteventura verbannt (S. 21). Das Denkmal, das den Dichter aufrecht stehend mit Blick in die Ferne zeigt, schuf der aus Gran Canaria stammende Bildhauer Juan Borges Linares 1970. Doch erst zehn Jahre später erlaubten es die politischen Verhältnisse, die helle, auf einem hohen Sockel postierte Steinfigur am Hang des Vulkanbergs Montaña Quemada aufzustellen.

■ 3 km südl. von Tindaya (über eine 1 km lange Schotterpiste ab südl. Ortsrand zu erreichen, weiß-roter Markierung des Fernwanderwegs GR 131 zu Fuß oder mit dem Auto folgen), frei zugänglich

Die Kirche Santo Domingo de Guzmán beeindruckt mit ihrem auffallenden Turm

10 Tetir

Ursprüngliches Bauern- und Marktdorf mit Gofio-Museum

Der unscheinbare, von Bergen umgebene Ort ist quasi die Muttergemeinde von Puerto del Rosario. Aus der hiesigen Kirche kam die Statue der Rosenkranzmadonna für die erst 1806 gegründete Pfarrei (S. 19) der heutigen Hauptstadt. Inzwischen haben sich die Machtverhältnisse umgekehrt. Die Landwirtschaft rund um Tetir hat kaum noch Bedeutung, viele der rund 900 Bewohner pendeln zur Arbeit nach Puerto del Rosario. Ein gewisser Wohlstand ist zu spüren, Häuser und Straßen wirken gepflegt. Den Ortsmittelpunkt bildet der großzügige Kirchplatz, auf dem sich einige Sitzbänke fast verloren ausnehmen. Die älteren Männer treffen sich in der Bar gegenüber, auf dem Kinderspielplatz nebenan tummeln sich am Feierabend die Familien.

Sehenswert

Iglesia Santo Domingo de Guzmán

| Kirche |

Mitte des 18. Jh. war eine ältere Kirche für die gewachsene Gemeinde viel zu klein geworden. So entstand die Iglesia Santo Domingo de Guzmán zwischen 1750 und 1777 völlig neu. Als Besonderheit wurde 1883 ein markanter Turm vor das einzige Kirchenschiff gesetzt, im Stil des damals üblichen Eklektizismus (S. 21). Das Innere wird von einem reich verzierten Barockretabel im Chor beherrscht. Seine geschnitzten Tier- und Pflanzenmotive basieren auf lateinamerikanischen Vorbildern.

■ Plaza Juan Rodriguez, zu Marktzeiten (s. u.) und zur Messe So 17.30 (Sommer 18.30) Uhr geöffnet

Timplista

| Skulptur |

Die sitzende Marmorfigur neben der Pfarrkirche trägt einen Hut aus dunklem Vulkangestein und spielt den Timple, das typische kanarische Saiteninstrument. Für den steinernen Timplista zeichnet der Bildhauer Juan Miguel Cubas aus Pájara verantwortlich, der seine Karriere erst 2003 im Alter von 34 Jahren als Autodidakt begann und dessen Werke heute an vielen Inselorten die Blicke auf sich ziehen (siehe »Gefällt Ihnen das?«).

■ Plaza Juan Rodriguez

Restaurants

€ | **Casa Fausto** Das einfache Lokal bei der Kirche ist der Treffpunkt der Einheimischen, nicht nur zur Marktzeit. Deftige Gerichte werden in üppigen Portionen gereicht. Für den kleineren Hunger sind Tapas zu bekommen. ■ Plaza Domingo Jorge Manrique 14, Tel. 928 94 78 75, Mi–Mo 8–23 Uhr

Einkaufen

Mercado Artesanal Vega de Tetir Alle drei Monate findet dieser Markt auf dem Kirchplatz statt. Was die Kanaren an Kunsthandwerk und Lebensmitteln aufzubieten haben, liegt auf den Tischen der rund 35 Stände. Dazu gibt es ein attraktives Rahmenprogramm, etwa Folkloretänze und die Gelegenheit zum Kamelritt. ■ Plaza Juan Rodriguez, www.puertodelrosario.org, jeden 2. So im März, Juni, Sept., Dez., 10–14 Uhr

Quesos de Tetir Der innovative Käseladen von María Jesús Rodríguez führt nicht nur die üblichen Erzeugnisse der Insel, sondern auch Spezialitäten wie Ziegenfrischkäse mit Schokolade, Ziegenmilchliör oder -bonbons. Ihren herzförmigen Käse mariniert sie im Saft der Kaktusfeige. ■ Calle Tetir 28, www.quesostetir.com, Mo–Sa 9–13 Uhr

In der Umgebung

Casa de Felipito

| Gutshofruine |

Der einsam auf einer Hochfläche mit Blick aufs Meer gelegene Komplex wurde von einem vielseitigen Steinmetz errichtet, der auch durch ein ausgeklügeltes Kanalsystem eine Bewässerungsoase auf dem Areal schuf. Heute dient die Ruine nicht nur als Freiluftmuseum, sondern auch als Picknickgelände, auf dem die »Majoreros«, wie sich die Bewohner Fuerteventuras nennen, am Wochenende eifrig grillen.

■ FV-219 Tetir-El Time, Km 2, Mi–Fr 10–17, Sa, So 11–18 Uhr, Eintritt frei

Gefällt Ihnen das?

Die Skulptur »Timplista« des Bildhauers Juan Miguel Cubas in Tetir ist ein Blickfang. Bewundern Sie weitere Werke des Bildhauers, etwa den **»Pescador de Viejas«** am Hafen von Puerto del Rosario (S. 20), die Skulptur **»A ti Mujer«** an der Uferpromenade von Gran Tarajal, **»Monumento a la mujer campesina«** vis-à-vis der Kirche in Casillas del Ángel (S. 51) oder die Plastik **»**Pescador de Sueños« in Tarajalejo (S. 66).

11 Tefía

Abseits gelegenes Bauerndorf mit großem Freiluftmuseum

Abgesehen von dem großen Museumsdorf (s. u.) ist in Tefía (250 Einw.) wahrlich nicht viel los. Landwirtschaft wird kaum noch betrieben. Eine restaurierte, sechsflügelige Windmühle an der Straße nach El Puertito de Los Molinos aus den 1930er-Jahren erinnert an die großen Zeiten des Getreideanbaus.

Sehenswert

Ecomuseo La Alcogida

| Museumsdorf |

7 *Das Leben der Menschen von anno dazumal*

Die Landflucht der letzten Jahrzehnte sorgte für einen spürbaren Bevölkerungsrückgang in den Dörfern des Inselinneren. So hatten den südlichen Ortsteil von Tefía schon alle Bewohner verlassen, als die Inselregierung in den 1990er-Jahren die leerstehenden Häuser renovierte. Ein Rundweg führt den Besucher durch die weitläufige Anlage, die Einblick in das Leben und den Arbeitsalltag von früher gewährt. Verschiedene Bauernhöfe mit Ställen, Backöfen und Zisternen sind zu besichtigen. Eine »tahona« (Tiermühle) ist noch funktionsfähig. In zwei Häusern arbeiten Kunsthandwerker, darunter Keramiker, Steinmetze, Tischler, Weber. Sie stellen inseltypische Keramik, Stickereien, Flechtwerk und traditionelle Blechgefäße her, die im Kassenbereich verkauft werden, ebenso wie Brot aus eigener Herstellung.

■ Ctra. Tefía, Di–Sa 10–17 Uhr, Eintritt 5 €, Kinder bis 12 J. frei

12 El Puertito de Los Molinos

Winzige Siedlung an der Westküste mit Fischlokal

Ein paar Fischer leben ständig in dem entlegenen Küstenort. Im Sommer vervielfacht sich die Einwohnerzahl, wenn viele »Majoreros« hier ihren Angelurlaub verbringen. Dann ist die kleine Playa auch relativ sandig, während die winterliche Brandung vorwiegend Kies und Steine anschüttet. Rechts oberhalb der Häuser auf dem Plateau über den Klippen stehen Ruinen eines prähistorischen Dorfs. Sie wurden bisher nicht restauriert und sind frei zugänglich.

Restaurants

€ | Casa Pon Das einfache Terrassenlokal besticht vor allem durch seine Lage unmittelbar am Meer. Fisch auf kanarische Art vom Grill mit »papas arrugadas«. ■ El Puertito de Los Molinos, Tel. 654 931181, tgl. 10–19 Uhr

Wandern

An der FV-221 beginnt jenseits des Barranco de Los Molinos ein ausgeschilderter Vogelbeobachtungsweg. Er führt zunächst an der Kante oberhalb der Schlucht entlang und dann durch den feuchten Talgrund, der von erstaunlich üppiger Vegetation überwuchert ist, nach El Puertito de Los Molinos. Verschiedenste Vogelarten, etwa der mit dem Schwarzkehlchen verwandte Kanarenschmätzer, sind hier zu beobachten (pro Strecke 45 Min.; in der Brutzeit von Mitte Feb. bis Ende Juli i. d. R. gesperrt).

13 Casillas del Ángel

Bauerndorf mit stillem Ortskern und Ziegenkäseproduktion

Früher betrieben die Bewohner von Casillas del Ángel Ackerbau auf den roten Lehmböden der Umgebung, heute arbeiten viele von ihnen in Puerto del Rosario. Einige Ziegenfarmen widmen sich noch der Herstellung von Käse. Die meisten Durchreisenden halten allenfalls an der Tankstelle. Dabei lohnt ein Abstecher zur Kirche im stillen Ortskern.

Sehenswert

Iglesia Santa Ana

| Kirche |

Der Bauplan der Kirche von 1781 folgt dem einer typischen kanarischen »Ermita«. Dem einzigen langgestreckten Schiff ist ein erhöhter Chor angeschlossen. Ganz ungewöhnlich ist hingegen die dunkle Natursteinfassade mit dem zentralen, barock geschwungenen Glockengiebel. Vis-à-vis steht in gebückter Haltung die Skulptur einer Landfrau, die Bildhauer Juan Miguel Cubas (S. 49) bei der Kartoffelernte darstellt. Jenseits des benachbarten Sportplatzes bieten sich schattige Picknicktische für eine Rast an.

■ Calle Entrada, nur zu Messen Sa 18 (Sommer 19) Uhr geöffnet

Einkaufen

Quesería Felipa La Montañeta Handwerklich gefertigter Käse verschiedener Reifestufen, auch gewürzt mit Kräutern, wird hier direkt vom Hersteller verkauft, auch vakuumverpackt. ■ Casillas del Ángel 60 B (südöstl. Ortsrand), Mo–Fr 8–14 und 17–19, Sa 8–14 Uhr

El Puertito de Los Molinos: ein Kleinod, das jeden Sommer zum Leben erwacht

Übernachten

Puerto del Rosario besitzt nur wenige Hotels. Die meisten Unterkünfte im Norden finden sich in dem Ferienort Corralejo, wo Häuser der Mittel- und Oberklasse vorherrschen. Lajares bietet ein großes Ferienresort an der rauen Nordküste und ein Gästehaus am Ortsrand für Individualisten und Surfer. Diese quartieren sich auch im Hotel und den einfachen Apartmentanlagen von El Cotillo ein. Ruhiges, ländliches Wohnen verspricht das ehemalige Bauerndorf Villaverde.

Puerto del Rosario 18

€ | JM Puerto del Rosario Das Stadthotel überblickt den Hafen. Hier steigen vorwiegend Geschäftsleute ab. Kein Restaurant! ■ Avenida Ruperto González Negrín 9, Tel. 928 85 94 64, www.hoteljmpuertodelrosario.com

€ | Tamasite Hier verbringen Stadtfans ein paar Tage fernab des touristischen Geschehens. Kleine, praktikable Zimmer, am schönsten sind diejenigen mit Balkon. ■ Calle León y Castillo 9, Tel. 928 53 14 94, www.hoteltamasite.com

ADAC Das besondere Hotel

Der Traum, romantisch im Himmelbett zu nächtigen, kann hier Wirklichkeit werden. Ein alter Bauernhof wurde zum **Hotel Rural Mahoh** mit neun Zimmern umgebaut, wobei der Charakter mit alten Möbeln, Natursteinwänden, Holzbalken und kleinen Fenstern bewahrt blieb. Im Stall stehen Pferde und Ponys. Wer mag, darf reiten oder zu einer Kutschfahrt anspannen lassen.
€€ | Villaverde, Sítio de Juan Bello, Tel. 928 86 80 50, www.mahoh.com

Corralejo 29

8 **€€ | Barceló Corralejo Sands** Noch recht neues Hotel mit funktionalen, in klaren Farben dekorierten Zimmern, für Paare wie auch für Familien geeignet. Zwar 300 m vom Strand entfernt, dafür zentrumsnah und relativ ruhig. Außenpool mit Sonnenterrasse, Shuttle-Service zu den Grandes Playas. ■ Calle La Acacia 1, Tel. 928 43 04 42, www.barcelo.com

€€ | H10 Ocean Dunas Ein Hotel nur für Erwachsene, strandnah und auch nicht weit vom Ortszentrum. Die meisten der in warmen Tönen eingerichteten Zimmer weisen zum Garten und Pool, alle haben Balkon oder Terrasse. ■ Calle La Red 1, Tel. 900 44 44 66, www.h10hotels.com

€€ | Riu Oliva Beach Steht gemeinsam mit dem Schwesterhotel Riu Palace Tres Islas (S. 52) in Alleinlage am Strand, rund 4 km außerhalb von Corralejo (Busanschluss). Die Zimmer sind nicht allzu groß, verfügen aber alle über einen Balkon. Ein All-inclusive-Haus mit tadelloser Gastronomie. ■ Avenida Grandes Playas, Tel. 928 53 53 34, www.riu.com

€€€ | Riu Palace Tres Islas Der Klassiker gilt als eine der ersten Adressen auf Fuerteventura. Auch wegen der einzigartigen Lage an der Naturstrandzone Grandes Playas. Zimmerkomfort und Service genügen hohen Ansprüchen. Hinter dem Strand erstreckt sich eine Poollandschaft. Das große Sport- und Animationsprogramm sorgt dafür, dass keine Langeweile aufkommt. ■ Avenida Grandes Playas, Tel. 928 53 57 00, www.riu.com

€€€ | **Secrets Bahía Real** Eines der führenden Häuser in Corralejo, mit gefälliger Architektur und elegantem Beach Club. Weitere Pluspunkte sind der Wellnessbereich und die luxuriösen Zimmer und Suiten. Gastronomisch breit aufgestellt mit mehreren Bars und Restaurants. ■ Avenida Grandes Playas, Tel. 928 53 64 44, www.secretsbahiareal.com

Tolle Lage und Topservice erwarten den Gast im Riu Palace Tres Islas in Corralejo

Lajares 35

€ | **Agua Guest House** Zwei lichtdurchflutete Villen, jede mit mehreren Zimmern und Gemeinschaftsküche. Pool, Restaurant, Cocktailbar. ■ Calle Majanicho 31, Tel. 643 81 26 47, www.agualajares.com

€ | **Fuerteventura Origo Mare** Ferienresort hinter der winzigen Anglersiedlung Majanicho, mit Wohnungen und Villen unterschiedlicher Größe. Es werden auch Mahlzeiten und auf Wunsch »all inclusive« angeboten. Mit einem Wasserpark aus elf Pools sowie Kinderclub und jeder Menge Freizeitaktivitäten. ■ Ctra. Majanicho 100, Tel. 928 45 60 02, www.pierreetvacances.com

El Cotillo 36

€ | **Cotillo Lagos** Studios und Apartments an der Playa de Los Lagos. Eher einfacher Standard, vergleichsweise günstiger Preis. ■ Avenida de Los Lagos 30, Tel. 928 17 53 88, www.cotillolagos.com

€€€ | **Coral Cotillo Beach** Hotel in Flachbauweise, nicht weit vom Strand. Die Zimmer sind relativ komfortabel, ein Ventilator ersetzt die Klimaanlage. Mit Poollandschaft, Kinderspielplatz und Fahrradvermietung. ■ Avenida de Los Lagos, Tel. 922 09 99 30, www.coral-hotels.com

Villaverde 39

€€ | **Casa Vieja** Kleine, ländliche Ferienanlage mit Hotelzimmern und Villen für bis zu sechs Personen. Sehr nett eingerichtet, mit Pool im Garten, zwei Innenhöfen, Restaurant und Bar. ■ Calle el Almendrero 12, Tel. 928 53 51 59, www.oasiscasavieja.com

Die Südostküste und das Inselzentrum

Im Südosten sind die Playas dunkelsandig, ursprüngliche Fischerdörfer prägen das Bild. Bäuerlich geht es in der Inselmitte zu

In Caleta de Fuste urlauben Familien und Golfer. Weiter südlich folgen ursprüngliche Fischerorte an dunkelsandigen Stränden. Touristische Anziehungspunkte sind eine Saline und ein Zoo. Ins Zentrum Fuerteventuras fährt man wegen der Aloe-vera-Plantagen und der ländlichen Museen.

In diesem Kapitel:

ADAC Top Tipps:

4 Museo de Las Salinas del Carmen
| Freiluftmuseum |
In dieser letzten Saline Fuerteventuras wird das »weiße Gold« durch Verdunstung von Meerwasser auf handwerkliche Weise gewonnen. Besucher dürfen auf einem Lehrpfad durch die Anlage schlendern. 59

5 Pozo Negro
| Fischerdorf |
Dunkle Felswände umrahmen den kiesigen Strand vor dem kleinen Ort. Hier ziehen die Fischer ihre bunten, offenen Boote noch an Land. Der Fang kommt in einem urigen Strandlokal frisch auf den Tisch. 61

6 Centro de Interpretación de los Molinos, Tiscamanita
| Mühlenmuseum |
Eine restaurierte Windmühle mahlt heute noch Getreide für die Herstellung von Gofio. Im Haus des Müllers wird die technische Entwicklung anschaulich gezeigt. 70

ADAC Empfehlungen:

9 Verde Aurora, bei Pozo Negro
| Bio-Bauernhof |
Die Bio-Finca stellt Olivenöl sowie Kosmetika aus Aloe vera her. 62

10 Las Playitas
| Fischerdorf |
Weiße Häuser und enge Gassen prägen den Ort. Nebenan am dunklen Strand liegt ein Ferienresort. 63

11 Oasis Wildlife, bei La Lajita
| Zoo |
Höhepunkt eines Besuchs in dem oasenartigen Tier- und Pflanzenpark ist ohne Frage der Ritt auf einem Fuerteventura-Kamel. 67

12 Quesería Maxorata, Tuineje
| Käseverkauf |
Die Insellandwirte sind stolz auf ihren Ziegenkäse, den es hier in verschiedenen Varianten zu kaufen gibt. 69

13 Fábrica de Aloe, bei Tiscamanita
| Plantage |
Die bekannteste Plantage für Aloe vera auf der Insel lädt zur Besichtigung und zum Kauf ihrer Produkte ein. 71

14 Museo del Queso Majorero, Antigua
| Museum |
In diesem Museum dreht sich alles um Herstellung und Geschichte des beliebten Ziegenkäses. 72

15 Complejo Cultural-Patrimonial de La Ampuyenta
| Museumskomplex |
Das ehemalige Haus und Hospital eines Arztes aus Ampuyenta sowie eine Franziskanerkirche mit Fresken sind zu besichtigen. 74

16 La Casita, Caleta de Fuste
| Hotel |
Ein kleines Hotel mit Wohlfühlfaktor: geschmackvoll eingerichtet, mit Naturmaterialien. Garten und Pool. 76

14 Caleta de Fuste

Ferienort in Flughafennähe, mit Jachthafen, Sandstrand und Golfplätzen

Information

■ Oficina de Turismo, Calle Juan Ramón Soto Morales 10, Tel. 928 16 36 11, www.caletadefuste.es

In Caleta de Fuste urlauben vorwiegend Briten, aber auch deutsche Veranstalter führen den Ferienort südlich des Flughafens wieder vermehrt im Programm. Einen alten Kern gibt es nicht, dafür einen historischen Hafen. Ansonsten besteht Caleta de Fuste vorwiegend aus Bungalowanlagen, die in weitläufige Gärten eingebettet sind. In der Nähe der beiden Strände, der hellsandigen, durch die Hafenmole geschützten und kinderfreundlichen Playa del Castillo und der südlich anschließenden, künstlich mit Sand aufgeschütteten Playa de La Guirra stehen einige größere Hotels. Am Südrand des Ortes liegen zwei gepflegte Golfplätze. Das gesellschaftliche Leben spielt sich in einigen Einkaufszentren mit Geschäften, Kneipen und Restaurants ab.

ADAC Spartipp

Wer die Überlandbusse der Gesellschaft Tiadhe (www.tiadhe.com) mehrfach benutzt, kann mit der elektronischen **Bonuskarte BtF** 10 % des jeweiligen Fahrpreises sparen. Die Karte ist beim Fahrer erhältlich, kostet 2 € Gebühr und muss mit einem Startguthaben von mindestens 15 € aufgeladen werden. Sie lohnt vor allem für Familien, da sie übertragbar ist. Kinder unter drei Jahren fahren übrigens generell umsonst, sofern sie keinen eigenen Sitzplatz beanspruchen.

Sehenswert

Hornos de Cal de la Guirra

| Kalköfen |

Die restaurierte Kalkbrennerei besteht aus mehreren »hornos de cal« (Kalköfen) sowie Wohngebäuden und einem Wirtschaftstrakt. Brennöfen wie diese gab es früher überall auf Fuerteventura, das größere Kalkvorkommen besitzt. Gebrannter Kalk war auf den anderen Kanareninseln als Mörtel, zum Weißen der Häuser und auch als Düngemittel in der Landwirtschaft gefragt. Diese Industrie wurde um das Jahr 1900 aufgegeben, da Kalk auf dem Weltmarkt billiger zu haben war.

■ Playa de La Guirra, frei zugänglich

Puerto del Castillo

| Hafen |

Eine erste Hafenanlage entstand hier um 1730. Damals war der Puerto del Castillo einer von nur drei Häfen auf Fuerteventura, denen die Feudalherren das Exportrecht zugestanden hatten, um die Ausfuhren besser kontrollieren und besteuern zu können. Nach dem Angriff britischer Korsaren auf Fuerteventura 1740 (siehe »Im Blickpunkt«, S. 68) errichtete man nebenan den runden Festungsturm **Castillo de San Buenaventura**. Weitere Überfälle fanden jedoch nicht statt. Im 19. Jh. ging der Turm in Privatbesitz über. Er wurde kürzlich renoviert, ist aber nicht von innen zu besichtigen. Im Hafenbecken dümpeln heute Jachten und Ausflugsboote. Wegen des ganz besonderen Flairs, das in

Am Hafen von Caleta de Fuste laden Cafés und Restaurants zum Verweilen ein

dieser Form auf der Insel einmalig ist, trifft man sich am Kai zum Promenieren und um in einem der schicken Lokale einzukehren.

▪ Playa del Castillo

Verkehrsmittel

Bus: Nach Puerto del Rosario und Las Salinas del Carmen halbstd. bis std. mit Linie 3, nach Morro Jable 2–4 x tgl. (www.tiadhe.com). Busbahnhof (Estación de Guaguas) an der nördlichen Ortseinfahrt, weitere Haltestellen entlang der FV-2.

Minizug: Die touristische Bimmelbahn auf Rädern verkehrt häufig durch den Ort mit verschiedenen Haltestellen, etwa dem Hafen und dem Centro Comercial Atlántico (S. 58); tgl. 10–18 Uhr, Einzelfahrt 2 €, Kinder 1,50 €, Tageskarte 8 €.

Parken

Parkplätze vor dem **Centro Comercial El Castillo** (200 m Fußweg zur Playa del Castillo) und im weiteren Verlauf der Avenida del Castillo vor dem **Barceló Castillo Beach Resort** (200 m Fußweg zum Hafen), beide gebührenfrei, ebenso das Parken an den Straßen. Bei der Playa de La Guirra kann man das Auto gratis in der unterirdischen Parkgarage des **Centro Comercial Atlántico** abstellen, wo es zudem angenehm kühl bleibt (tgl. 9–1.30 Uhr). Die meisten Hotels in Caleta de Fuste bieten ihren Gästen kostenlose Parkplätze.

Restaurants

€€ | El Patio Ordentliches Restaurant mit Außenterrasse. Mediterrane Küche, große Portionen. Meist gut beraten ist man mit Fisch aus dem Tagesangebot. ■ Avenida Alcalde Juan Ramon Soto Morales 6, Tel. 928 54 77 21, tgl. 13–23 Uhr

€€ | La Frasquita Ein Klassiker aus den Anfängen des Tourismus, am Strand von Caleta de Fuste. Einrichtung ohne Schnörkel, Meeresfrüchte und Fisch gibt es frisch vom Grill. Die typischen kanarischen Schrumpelkartoffeln und drei verschiedene Mojo-Soßen sind natürlich immer dabei. Ein Lokal, wie man es sich wünscht. ■ Calle Sávila, Tel. 643 74 66 34, www.lafrasquita.es, Di–Sa 13–16 und 18–22, So 13–18 Uhr

Cafés

The Chocolate Shop Der Name ist hier Programm. Kuchen, Konfekt, Eis, alles von Hand und meist mit Schokolade hergestellt. Die wenigen Tische vor der Tür sind sehr begehrt. ■ Calle Marcial Sanchez Velazquez 13, Tel. 928 16 31 19, tgl. 9–17 Uhr

Einkaufen

Centro Comercial Atlántico Das Einkaufszentrum zählt mit rund 25 Geschäften zu den größeren auf Fuerteventura. Auch ein Supermarkt, ein chinesisches und ein indisches Restaurant, Pizzeria und Café sind vorhanden und locken Besucher an. ■ Ctra. de Jandía, Km 11, www.ccatlanticofuerteventura.com, Mo–Sa 9.30–22 (Supermarkt 9–21.30), So 10–22 Uhr

Mercadillo de Caleta de Fuste Der Wochenmarkt für Kleidung, Schuhe und Schmuck findet auf dem großen Marktplatz an der Durchgangsstraße statt. Immer gut besucht. ■ FV-2 nahe zentraler Kreisverkehr, Di und Sa 10–14 Uhr

Kneipen, Bars und Clubs

Piero's Café Angesagte Ausgehadresse, wo fast jeden Abend erst Fußballübertragungen, danach Live-

Seit 1910 wird in den Salinas del Carmen Meersalz traditionell von Hand geerntet

musik und Shows geboten werden. Gute Cocktails. Britische Gäste überwiegen. ■ Centro Comercial El Castillo, Local D2, Tel. 928 86 90 90, www.pieroscafe.com, Mo 17–3, Di–So 12–3 Uhr

Kinder

Puerto Castillo Die private Hafenverwaltung ermöglicht im Hafenbecken Baden mit einem zahmen Seehund (45 €). Wer mag, lässt sich vom Seehund küssen und ein Foto davon schießen (zusätzlich 8 €). Weitere Attraktionen: Aquapark (12 €/Std.), 30-minütige Fahrten mit einem gelben Glasbodenboot (tgl. 11–15 Uhr, 16 €, erm. 8 €) sowie Ausfahrten in die Bucht mit dem Ballenita, einem Schlauchboot mit Elektroantrieb (30 Min. für 20 €). ■ Puerto del Castillo, Tel. 928 54 76 87, www.puertocastillo.com

Camel Safari Am Strand wartet eine kleine Kamelherde auf Reiter. ■ Mo–Sa 10–16 Uhr, 10 €, erm. 5 €

Sport

Deep Blue Tauchbasis unter deutsch-schwedischer Leitung, mit Ausbildung für alle Levels sowie Discover Scuba Diving für Kinder ab 8 J. Auch Schnorcheln (Einweisung und Bootsausflüge). Mit Filiale in Las Playitas. ■ Barceló Club El Castillo, Tel. 928 16 37 12, www.deep-blue-diving.com

Entspannung

Soul Massage Studio mit einem kleinen, feinen Angebot an halb- und einstündigen Massagen, etwa mit heißen Steinen. ■ Calle Alcalde Francisco Berriel Jordán 26, Tel. 686 221 880, www.soulmassagefuerteventura.com, 1 Std. ab 44 €

15 Las Salinas del Carmen

Winziges Fischerdorf am Strand, mit Salinenmuseum

Der kleine, ursprünglich gebliebene Ort besteht aus wenigen älteren Häusern und ein paar Ferienvillen. Der Besuch lohnt nicht nur wegen der namengebenden Saline, sondern auch wegen der sandigen bis kiesigen Playa de Las Salinas. Meist ist am Strand noch viel Platz. Man kann hier den Fischern bei ihrer Arbeit zusehen oder sich in einem der Restaurants niederlassen.

Sehenswert

Museo de Las Salinas del Carmen

| Freiluftmuseum |

4 *Eine Museumssaline, die immer noch in Betrieb ist*

In ihrer heutigen Form entstanden die Salzpfannen um 1910. Eine erste Saline wurde hier schon 1730 angelegt. In mehr als 100 kleinen Becken gewinnt man zwischen Mai und Oktober, wenn die Wassertemperatur auf über 30 °C steigt, 40 bis 50 t Salz pro Saison. Zu Kegeln aufgeschichtet trocknet das abgeschöpfte Salz in der Sonne. Die Hafenmole, an der das »weiße Gold« früher nach Puerto del Rosario verschifft wurde, ist nicht mehr in Betrieb, dafür das benachbarte Lagerhaus. Ein Lehrpfad führt durch die Anlage. Im früheren Wohnhaus des Salinenbesitzers sind eine Ausstellung über die Salzproduktion und die Ökosysteme von Salinen untergebracht.

■ Diseminado Salinas Carmen, www.museosalinasdelcarmen.es, tgl. 10–18 Uhr, Eintritt 6 €, Kinder bis 10 J. 3 €

Restaurants

€ | Los Caracolitos Das Strandrestaurant ist ein absoluter Klassiker. Viele einheimische Gäste kehren hier ein und genießen Paella, Fischkroketten und Meeresfrüchte. ■ Salinas del Carmen 22, Tel. 928174242, Fr–Di 12–22 Uhr

€€ | Volcano Hier wird gehobene spanische Küche zelebriert. Alles ist etwas gediegener, ohne übertrieben zu wirken. Frisch zubereitete Kreationen, hervorragende Weinauswahl. ■ Museo de Las Salinas del Carmen, Tel. 828048836, www.volcanorestaurante.com, Di–So 13–16, Fr, Sa auch 19.30–23 Uhr

In der Umgebung

Puerto de La Torre

| Hafenruine |

An der naturbelassenen Mündung des Barranco de La Torre gab es zwar nie einen richtigen Hafen, dennoch nahmen Schiffe hier gebrannten Kalk als Fracht auf. Die Ruine einer Kalkbrenne-

Im Blickpunkt

Ein Wal-Lehrpfad

Neben dem Lagerhaus des Museo de Las Salinas del Carmen ragt das Skelett eines Finnwals auf. Das 19 m lange Tier wurde im Jahr 2000 an der Nordküste FuerteventuraS tot angespült. Wissenschaftler der Universität Las Palmas präparierten das Skelett für die »senda de los cetáceos«, einen Wal- und Delfinlehrpfad, der sich über ganz Fuerteventura erstreckt. Einheimische und Touristen sollen dadurch für die Gefährdung des Ökosystems Meer sensibilisiert werden. Weitere Walskelette sind bereits in Puerto del Rosario (S. 21), auf der Isla de Lobos (S. 35), El Cotillo (S. 36), Gran Tarajal (S. 64) und Morro Jable (S. 108) zu besichtigen. Insgesamt sind rund ein Dutzend Standorte geplant.

rei steht noch an der Zufahrt. Wohnmobilfahrer lieben diese erhöhte Stelle auf den Klippen mit Blick auf den dunklen Kiesstrand, hinter dem sich eine Salzwiese ähnlich der von Morro Jable (S. 107) erstreckt.

■ 1,5 km südl. von Las Salinas del Carmen, auf einer Piste (Carretera de La Torre) zu erreichen

16 Pozo Negro

5 *Ursprüngliches Fischerdorf, weiße Häuser und dunkler Strand*

Zu den authentischsten Orten der Insel zählt zweifellos Pozo Negro, vielleicht auch weil es nur einen dunkelkiesigen, bei Touristen nicht so gefragten Strand besitzt. Zu diesem stehen die weißen kubischen Häuser der Fischer in Kontrast. Ihren Namen (»schwarzer Brunnen«) verdankt die Siedlung einer aus Lavagestein gemauerten Wasserstelle an der Zufahrt. Pozo Negro belebt sich an den Wochenenden und in den Ferien, wenn die »Majoreros« hierher zum Baden und Sonnenbaden kommen. Dann füllt sich auch das Fischrestaurant am Strand mit Gästen.

Restaurants

€€ | Los Pescadores Auf der Terrasse wird von den lokalen Fischern gefangener Fisch aufgetischt, der frisch vom Grill kommt. Am Wochenende gibt es manchmal Paella oder Fischeintopf. Das aktuelle Angebot, etwa Fischkroketten, Gambas mit Knoblauch oder Majorero-Käse, steht auf einer Kreidetafel. ■ Playa del Pozo Negro, Tel. 289 17 46 53, www.facebook.com/barrestaurantelospescadores, Mo–Do 12–20.30, Fr, Sa 12–21, So 12–19 Uhr

Nirgendwo ist der Kontrast aus weißen Höusern und dunklem Kiesstrand so deutlich wie im Fischerdorf Pozo Negro

Events

Feaga Die viertägige Landwirtschaftsmesse an einem verlängerten Wochenende etwa Mitte Mai auf dem Versuchsgut Granja Agrícola y Experimental de Pozo Negro der Inselregierung lockt ein breites Publikum an. Neben einem großen Viehmarkt mit Ziegen, Schafen, Schweinen und Kamelen wird den Besuchern ein buntes Programm mit Verkostung inseltypischer Spezialitäten angeboten, gefolgt von einem Kunsthandwerkermarkt, Musik, Pferderennen, einem Käsewettbewerb und einem Wettstreit im Ziegenmelken. ■ Granja Agrícola y Experimental de Pozo Negro, FV-2, Diseminado Pozo Negro, www.visitfuerteventura.es

Wer auf dem Fischerkai steht, blickt auf den maurisch anmutenden Ort Las Playitas

In der Umgebung

Poblado de La Atalayita

| Museumsdorf |

Das altkanarische Dorf ist heute ein Freiluftmuseum mit kleinem Besucherzentrum. Ein Rundweg führt durch die Anlage, in der unterschiedliche prähistorische Behausungen zu besichtigen sind. Die »casas hondas« (tiefe Häuser) wurden etwa einen Meter tief in den Boden versenkt, um für Piraten aus der Ferne unsichtbar zu sein. Hingegen wirken die Kuppelhäuser moderner, haben aber immer einen runden oder ovalen Grundriss. Muschelhaufen (»concheros«) zeigen, dass Meeresfrüchte auch früher eine wichtige Rolle im Speiseplan der Altkanarier spielten.

■ FV-420, Besucherzentrum Sa, So 10–17 Uhr, Eintritt frei; Außenanlagen jederzeit frei zugänglich

Verde Aurora

| Bio-Bauernhof |

9 *Öko-Finca mit Anbau von Ölbäumen und Aloe vera*

Das ehrgeizige Projekt der Familie Mesa vereint Tradition, moderne biologische Produktion und ökotouristische Aktivitäten. Olivenöl wird hier nicht nur zu Speisezwecken gewonnen, sondern auch als Zutat zu Kosmetika aus Aloe vera. Beide Kulturen, aber auch Obst und Gemüse gedeihen auf dem 30 ha großen Areal der Finca im Dorf Teniscosquey im Naturschutzgebiet Malpaís Grande. Mit Probiermöglichkeit und Verkauf. Auch Führungen durch die Finca mit Aloe-Workshops sowie ländliche Unterkünfte werden angeboten.

■ Teniscosquey 7 (nahe FV-2 Pozo Negro-Gran Tarajal), Tel. 659 61 08 44, www.verdeaurora.com, Mo–Sa 10–18 Uhr, Eintritt frei

17 Las Playitas

10 *Weißes Dorf mit engen Gassen und Fischerkai*

In Las Playitas fühlt man sich fast ein wenig nach Andalusien versetzt. Strahlend helle Häuser und verwinkelte Straßenzüge klettern pittoresk einen Hang hinauf. In dieses Labyrinth verirrt sich nur selten ein Außenstehender. Besucher bleiben meist unten am Wasser. Dort bummeln sie über die Promenade, schauen am Hafenkai zu, wie die Fischer am Nachmittag ihren Fang heimbringen, und kehren dann gerne in einem der Fischrestaurants ein. Die dunkelsandige, 500 m lange Playa de Las Playitas grenzt im Westen an den Ort. Lange blieb sie vom Tourismus unbeachtet. Jetzt dehnt sich dahinter ein weitläufiges Ferienresort mit anspruchsvollem 18-Loch-Golfplatz aus.

Verkehrsmittel

Bus: Nach Gran Tarajal alle 30–120 Min., dort Anschluss an weitere Linien. www.tiadhe.com

Restaurants

€€ | Casa Victor Etwas versteckt liegt dieser Klassiker in den Gassen des Ortes. Hier kehren vorwiegend Einheimische ein. Seit Jahrzehnten hat sich das familiengeführte Restaurant bewährt. Typische spanische Gerichte in guter Qualität, angenehme rustikale Atmosphäre. ■ Calle los Andenes 4, Tel. 928 87 09 10, Sa–Mi 12.30–22.30 Uhr

€€ | La Rampa Ein eher gehobenes Lokal, das den Fisch nach Möglichkeit aus dem örtlichen Fang bezieht. Mit großartigem Atlantikblick. ■ Paseo Miramar 1, Tel. 928 34 41 80, Di, Mi und Fr–So 12–16.30, 18.30–22 Uhr

€€ | Las Playas Etwas einfacher, dafür preisgünstiger als der Konkurrent nebenan. Auch hier Meerblick und frischer Fisch, außerdem gute Tapas. ■ Paseo Miramar, Tel. 928 87 03 67, Do–Mo 12–21 Uhr

In der Umgebung

Faro de la Entallada

| Leuchtturm |

Wegen seiner außergewöhnlichen Architektur lohnt der Faro de la Entallada den Abstecher, auch wenn er nicht von innen zu besichtigen ist. Mit seiner Fassade, an der sich graues Lavagestein, roter Porphyr und weiße Fugen abwechseln, sucht er auf den Kanaren seinesgleichen. Nebenan von einem Aussichtspunkt hoch über den Klippen schaut man weit die Küste entlang.

■ 6,5 km östl. von Las Playitas

ADAC Wussten Sie schon?

Die Bewohner Fuerteventuras nennen sich **»Majoreros«**. Der Begriff leitet sich von **Maxorata** (oder Mahorata) ab. So hieß eines der beiden Herrschaftsgebiete, in die die Insel vor der Eroberung aufgeteilt war. Dieser Name leitet sich vielleicht von den »maohs«, Schuhen der Altkanarier aus Ziegenfell, ab. Auf der Insel El Hierro bezeichnen die Viehhirten ihre Stiefel bis heute als »majos«. Eine andere Erklärung lautet, in dem mit den Berbersprachen verwandten altkanarischen Idiom hätte »mahorat« die Bedeutung **»Söhne des Landes«** gehabt.

18 Gran Tarajal

Zentraler Ort des Südens, in dem Einheimische gerne am Strand flanieren

In diesem Ort, der als wirtschaftliches Zentrum des Inselsüdens gilt, sind die »Majoreros« entschieden in der Überzahl, was auf Fuerteventura keineswegs selbstverständlich ist. Charakteristisch für Gran Tarajal (7300 Einw.) ist neben den Windrädern zur Bewässerung der Felder der landwärts anschließende riesige Palmenpark. Zwei größere Supermärkte sowie eine Reihe weiterer Geschäfte ziehen Kunden aus der Umgebung an. Dreh- und Angelpunkt im Zentrum bei der Kirche ist die lauschige Plaza de la Candelaria mit ihrem steinernen Seepferdchenbrunnen. Etwas abseits liegt der geräumige Hafen, in dem kleinere und größere Fischerboote liegen. Für Badefreuden sorgt der schöne Stadtstrand.

ADAC Mittendrin

Wer sich nicht als Tourist fühlen möchte, liegt mit einem Besuch in **Gran Tarajal** genau richtig. Hier ist es wirklich möglich, am lokalen Leben teilzunehmen. Schicke Szenekneipen oder reich bestückte Souvenirläden sucht man vergeblich. Am dunklen, mit 1000 m recht langen Strand badet die einheimische Jugend, während die Älteren gemächlich auf der Meerespromenade flanieren und dort das Skelett eines Cuvier-Schnabelwals als Teil des inselweiten Wal-Lehrpfads (S. 60) bewundern oder es sich in einem der angrenzenden Cafés und Restaurants bequem machen.

Sehenswert

Parque Félix López

| Palmenpark |

Spazierwege durchziehen den schattigen Stadtgarten, ein Kinderspielplatz belebt sich vor allem am späteren Nachmittag. Der Park ist Teil des größten Palmenhains der Insel, der sich im feuchten Talgrund des Barranco Gran Tarajal über mehrere Kilometer hinweg erstreckt. Sowohl die einheimische Kanarische Palme als auch ihre nahe Verwandte, die Dattelpalme aus Nordafrika, sind hier vertreten. Außerhalb des Parque Félix López bilden sie allerdings keinen geschlossenen Bestand, sondern stehen am Rand von Feldern, auf denen für gewöhnlich die Futterpflanze Luzerne gedeiht. Vom eingeschleppten Palmrüssler, der jetzt als ausgerottet gilt, blieben die Bäume zum Glück verschont.

■ Avenida de la Constitución, frei zugänglich

Verkehrsmittel

Bus: Es gibt Verbindungen nach Puerto del Rosario, Morro Jable, Las Playitas, und Pájara (www.tiadhe.com). Busbahnhof (Estación de Guaguas) in der Avenida de la Constitución an der Stadteinfahrt.

Parken

Gebührenfreie Parkbuchten in der Calle Tindaya vor dem Supermarkt Eurospar und in den Nachbarstraßen Calle Vigan/Calle Amanay, zu erreichen über den Kreisverkehr an der Stadteinfahrt, dort links abbiegen. Weitere Parkmöglichkeiten am etwas abseits gelegenen Hafen.

Restaurants

€€ | **Cofradía** Hier kommt der Fisch von der Fischereigenossenschaft, die das Lokal am Hafen in eigener Regie betreibt. Einfaches, inseltypisches Ambiente. ■ Calle San Diego, Tel. 928 16 20 74, Do–Mo 10–22.30 Uhr

€€ | **Da Nonna** An der Promenade. Klein, aber fein. Leckere Tapas, gute Fleisch- und Fischgerichte, moderate Preise. ■ Avenida Paco Hierro 6, Tel. 928 16 23 39, Mi–So 13–16 und 19–23 Uhr

Cafés

Dulce de Leche Schnuckeliges Eckcafé mit einladender Kuchentheke, Eis und guter Kaffeeauswahl. Besonders beliebt sind die Baisertorten. Vorwiegend einheimische Gäste. ■ Calle Atis Tirma/Calle Amanay, Tel. 928 16 27 02, tgl. 7–22 Uhr

Kinder

Semana de la Juventud Die Woche der Jugend, die schon seit Jahrzehnten zum Festtagsreigen auf Fuerteventura gehört, bietet 14 Tage lang in der zweiten Augusthälfte ein kunterbuntes Programm mit Musik am Strand, Schaumfest, Wasserpolo und Salto-Wettbewerb im Hafenbecken. Unter reger Beteiligung von Kindern und Jugendlichen.

19 Giniginámar

Völlig untouristischer Badestrand mit kleiner Fischersiedlung

Wenige weiße Häuser und eine Promenade säumen den Nordrand des dunklen Kiesstrandes, auf dem meist ein paar Fischerboote liegen. Hinter dem südlichen Strandabschnitt, der in bescheidenem Ausmaß zum Baden genutzt wird, erstreckt sich eine kleine Feriensiedlung. Einst waren die Villen größtenteils im Besitz von Österreichern, inzwischen leben auch viele Einheimische hier. Abgesehen von einem Restaurant (s. u.) gibt es hier keine touristische Infrastruktur. Auf einem exponierten Küstenpfad kann man Richtung Tarajalejo wandern.

ADAC Mobil

Auch auf Fuerteventura gibt es **Radarfallen**. Bußgeldbescheide werden in alle europäischen Länder zugestellt oder es wird gleich vor Ort kassiert. Bereits geringfügige Überschreitungen gehen sehr ins Geld (ca. 100 € schon ab 1 km/h über dem jeweiligen Tempolimit). Aufzupassen gilt es z. B. auf der FV-2 bei La Lajita, wo sich die mobilen Blitzer oft im Palmenwald beim Oasis Wildlife verbergen. Fest installierte Radargeräte stehen an der Autobahn zwischen dem Flughafen und Puerto del Rosario.

Restaurants

€€ | **Olas del Sur** Typisches Speiselokal mit vorwiegend kanarischer Kundschaft. Im Angebot ist alles, was man in Spanien erwartet: Gazpacho, »pimientas de padrón« (zarte geschmorte Paprikaschoten), Tintenfischringe, Langostinos, »solomillo« (Rinderlende). Dazu gibt es ein maritimes Ambiente mit schönem Blick aufs Meer. ■ Calle el Carmen 5, Tel. 651 34 56 77, Mi–So 13–20 Uhr

Giniginámar: eine kleine Siedlung am Strand, ruhig und unaufgeregt

20 Tarajalejo

Ursprünglicher Fischerort mit bescheidenem Übernachtungstourismus

In dem Küstendorf leben nach wie vor einige Familien vom Fischfang. Mit einem Hotel- und Wassersportkomplex am westlichen Ortsrand und einem gut ausgestatteten Wohnmobilstellplatz gibt es auch eine gewisse touristische Entwicklung. Die 1400 m lange Playa de Tarajalejo ist kiesig bis dunkelsandig. Dahinter verläuft eine breite, mit Sitzbänken und Kunstobjekten bestückte Promenade. Sie ist als Mareseum, als Museo de las Formas del Mar, ausgewiesen. Unter den zu besichtigenden Skulpturen, die allesamt vor Ort entstanden und einen Bezug zum Meer haben, befindet sich auch die Plastik »Pescador de Sueños« (Fischer der Träume) von Juan Miguel Cubas aus Pájara. Populärer ist allerdings das Seepferdchen von Antonina Fathullina aus Leningrad. Badegäste nutzen gern den südlichsten, durch einen kleinen Felssporn abgetrennten und unerschlossenen Strandabschnitt, da dort am meisten Sand vorhanden und das Meer am ruhigsten ist.

Verkehrsmittel

Bus: Nach Morro Jable bzw. Gran Tarajal/Puerto del Rosario halbstd. bis stdl. (Linie 1), 2–4 x tgl. (Linie 10), Haltestelle an der FV-2 Richtung La Lajita auf Höhe der Hotels (5 Min. Fußweg).

Restaurants

€ | Adeyu Mit Terrasse unmittelbar am Strand, auf der Tapas sowie paniertes Fischfilet und Lammkeule aus dem Ofen serviert werden. ■ Calle Isidro Díaz 3, Tel. 928 16 10 85, Fr–Di 9–22.30 Uhr

€ | La Barraca Inseltypisches Strandlokal. Wie vielerorts auf Fuerteventura wird der Fisch gegrillt und mit Schrumpelkartoffeln und »mojo« gereicht. ■ Calle Isidro Díaz 14, Tel. 928 16 10 89, www.labarracafuerteventura.com, Mi–So 12–22 Uhr

Wandern

TimeforNature Wolfgang führt in Begleitung seines kleinen Vierbeiners »Coffee« umweltfreundliche Wanderungen in Gruppen von maximal acht Personen. Auf dem Wochenprogramm standen zuletzt drei Touren, zum Felsentor bei Ajuy, durch den Lavastrom Malpaís Grande und nach Cofete mit Villa Winter (Gehzeit zwischen 3 und

3,5 Std.; mit Beiprogramm, Imbiss und Transfer ab Hotel von Las Playitas bis Morro Jable ab 44 €). Festes Schuhwerk und wetterfeste Kleidung erforderlich! Anmeldung telefonisch oder online. ■ Tel. 928 87 25 45, www.timefornature.de

21 La Lajita

Alter Fischerort mit moderner Wohnsiedlung und großem Tierpark

Das recht unspektakuläre Dorf hat sich zur Wohnstadt für Angestellte der Hotels in Costa Calma entwickelt. Nach wie vor gibt es ein paar Fischer, aber die modernen Reihenhäuser der Pendler bestimmen das Bild. Dreh- und Angelpunkt ist die zentrale, zum Kiesstrand hin offene Plaza mit Kinderspielplatz und Sitzbänken, wo sich die Bewohner am Feierabend treffen. Ringsum gruppieren sich einige Restaurants und Bars.

Sehenswert

Oasis Wildlife

| Zoo |

11 *Großer, oasenartiger Tier- und Pflanzenpark*

Die wohl meistbesuchte touristische Attraktion der Insel, speziell bei Familien beliebt, ist diese Kombination aus Zoo und botanischem Garten. In einem Palmenhain leben über 250 tropische Tierarten, darunter Affen, Zebras, Giraffen oder allerlei Reptilien und Vögel. In Shows sind mehrmals täglich Seelöwen, Papageien, Greifvögel, Krokodile und Schlangen zu sehen. Im angeschlossenen botanischen Garten gedeihen Wüstenpflanzen aus aller Welt, darunter fast 30 000 Kakteen. Mehrere Restaurants und Souvenirshops sowie Kamelritte (S. 68) ergänzen das Angebot.

■ Ctra. FV-2, Km 57,4, www.oasiswildlifefuerteventura.com, Di–So 9–18 Uhr, Eintritt 38,50 €, erm. 23 €

Kamelritte im Oasis Wildlife bei La Lajita sind ein Anziehungspunkt für Familien

Verkehrsmittel

Bus: Linienbus ab Morro Jable/Costa Calma alle 30–60 Min. (www.tiadhe.com); Gratis-Bus von Oasis Wildlife (siehe ADAC Spartipp, S. 69).

Parken

Oasis Wildlife stellt große Parkflächen zur Verfügung (gebührenfrei). Im etwa 1 km entfernten Ort selbst ist das Parken in den Straßen kein Problem.

Restaurants

€ | Ramón Dieses Restaurant existiert gefühlt seit ewigen Zeiten. Man sitzt im freundlich eingerichteten Innenraum oder auf der Meerespromenade unter Palmen. Schmackhaftes Essen, der Fisch ist fangfrisch, die Paella sehr reichhaltig. ■ Avenida Fragata, Tel. 697 25 63 59, Do–Mo 12–22 Uhr

€€ | La Falúa Das Restaurant hat einen gewissen Anspruch. Fisch kommt hier frisch auf den Tisch, die Familie des Wirts fährt selbst zum Fang hinaus aufs Meer. Auch nicht ganz alltägliche Sorten wie z. B. Muräne werden hier zuweilen serviert. ■ Calle Tajinaste 11, Tel. 928 34 32 59, Di–So 12–22 Uhr

Im Blickpunkt

Ein kurioses Spektakel

Am 29. September, dem Tag des Erzengels Michael, dem die Pfarrkirche von Tuineje geweiht ist, beginnen die zweiwöchigen Fiestas Juradas San Miguel Arcángel. Ihm wird der Sieg über einen britischen Invasionstrupp zugeschrieben, der 1740 bei Gran Tarajal landete und Richtung Tuineje zog. Vom 8. bis 13. Oktober spielt die Bevölkerung das Ereignis in historischen Kostümen an den Originalschauplätzen nach. Kamele, die den einheimischen Milizen als Phalanx dienten, sind mit von der Partie. Höhepunkt ist der Umzug durch den Ort nach der »gewonnenen Schlacht«, dem eine Messe und Prozession zu Ehren des Erzengels folgen.
www.visitfuerteventura.es

Einkaufen

Oasis Market Schöner Wochenmarkt für Kunsthandwerk, etwa Keramik und Flechtarbeiten, sowie kulinarische Produkte von Fuerteventura und anderen Kanareninseln. ■ Eingangsbereich von Oasis Wildlife (S. 67), So 9–14 Uhr, Eintritt frei

Kinder

Camel Experience In Oasis Wildlife lebt mit etwa 400 Exemplaren die größte Kamelherde Europas. Die erwachsenen Tiere wechseln sich darin ab, Touristen auf einem halbstündigen Ritt durch die Wüste zu schaukeln. Von der Station außerhalb des Parks (gezahlt wird an der Kasse von Oasis Wildlife) zieht die Karawane einen kleinen Aussichtsberg hinauf und kehrt im Bogen zum Startpunkt zurück. Jedes Dromedar trägt zwei Personen, die im Sattel links und rechts vom Höcker thronen. Kleine Kinder können mit den Eltern im zusätzlichen Sitz vor dem Höcker reiten. ■ Oasis Wildlife, FV-2, Km 57,4, www.oasiswildlifefuerteventura.com, Di–So 9.30–16.30 Uhr, 14 €, erm. 10 €

22 Tuineje

Bauernort mit Anbau von Tomaten und Ölbäumen

Hier wirkt Fuerteventura noch ziemlich unberührt. Das fernab der Küste gelegene Tuineje (950 Einw.) ist zwar Zentrum einer Gemeinde, zu der auch Gran Tarajal gehört, blieb aber doch ein Dorf, das seine bäuerliche Kultur bewahren konnte. Außer der Ziegenhaltung haben der Anbau von Tomaten sowie in jüngerer Zeit auch die Gewinnung von Olivenöl eine gewisse Bedeutung erlangt.

ADAC Spartipp

Oasis Wildlife betreibt **Gratis-Zubringerbusse**, die Urlauber in allen Hotelzonen auf Fuerteventura abholen. Eine Reservierung ist nicht erforderlich. Das Eintrittsticket kann, sofern es nicht schon online erworben wurde, später an der Kasse des Parks gekauft werden. Die Busse fahren jeden Di–So, Abholung 1–2-mal am Vormittag, Rückfahrt 1–2 -mal am Nachmittag. Zeiten für Hin- und Rückfahrt sowie Haltestellen unter: *www.oasiswildlifefuerteventura.com*

Einkaufen

(12) **Quesería Maxorata** Fabrikverkauf des berühmten Käses von Fuerteventura. Hier gibt es den »Queso Majorero«, den Ziegenkäse der Insel mit geschützter Ursprungsbezeichnung. Auf Käseliebhaber warten verschiedene Marken, Geschmacksnuancen und Reifegrade, alle angebotenen Produkte sind vakuumverpackt und somit ideal zum Mitnehmen im Fluggepäck. ■ Ctra. FV-20 Tuineje-Gran Tarajal, Km 39/40, www.maxorata.es, Mo–Fr 9–16 Uhr

Liebhabern von Ziegenkäse offeriert die Quesería Maxorata verlockende Angebote

23 Tiscamanita

Ursprüngliches Dorf mit Mühlenmuseum und Aloe-vera-Plantage

Der kleine Ort (500 Einw.) wird ganz und gar von Landwirtschaft geprägt. Vereinzelt wird hier sogar noch eine spezielle Form des Trockenfeldbaus betrieben (siehe »Wussten Sie schon?«, S. 71). Palmen stehen zwischen den Häusern, und im Nordosten ragt die Caldera de Gairía auf, einer der jüngsten Vulkane Fuerteventuras, dessen Ausbruch erst einige tausend Jahre zurückliegt. Touristische Anziehungspunkte des Dorfes sind vor allem die Windmühle mit Museum und eine Plantage, auf deren schwarzer Lavaerde Aloe vera kultiviert wird. Eine Fabrik gleich nebenan stellt daraus kosmetische Produkte her.

Sehenswert

Centro de Interpretación de los Molinos

| **Mühlenmuseum** |

6 *Ausstellung in einem Windmühlenkomplex*

In mehreren Sälen im ehemaligen, sorgfältig restaurierten Haus des Müllers wird gezeigt, wie die verschiedenen Mühlen funktionieren: Handmüh-

Im Museum von Tiscamanita erfährt man viel Wissenswertes über Windmühlen

len, wie sie die Altkanarier benutzten, von Tieren angetriebene »tahonas« der europäischen Siedler sowie die beiden Windmühlentypen »molino« und »molina« (siehe »Im Blickpunkt«, S. 27). Ein klassischer »molino« mit vier Flügeln ist Teil des Museums und bei geeignetem Wind auch in Betrieb, um geröstete Getreidekörner für den Gofio zu mahlen, eine schon den Altkanariern bekannte, mehlähnliche Substanz, die bis heute auf den Kanaren gerne in Suppen oder unter Süßspeisen gerührt wird.

■ Calle la Cruz 11, www.centrolosmolinos fuerteventura.es, Di–Sa 10–18 Uhr, Eintritt 4 €, Kinder 2,50 €

ADAC Wussten Sie schon?

Bei Tiscamanita fallen **dunkle Felder** ins Auge, die sich deutlich vom rötlichen Boden der Umgebung abheben. Hier wird noch **Trockenfeldbau** nach einer aus Lanzarote importierten Methode praktiziert. Die Landwirte decken ihre Äcker nach der Aussaat mit einer isolierenden Schicht aus dunklem Vulkangrus ab. Diese speichert den nächtlichen Tau, der den Pflanzen nach einem ähnlichen Prinzip wie bei der Hydrokultur zugutekommt. Eine Bewässerung erübrigt sich damit.

Restaurants

€ | **Casa Luis** In dem unscheinbaren Lokal an der Straße wird deftige Hausmannskost aufgetischt, Ziegenfleisch spielt dabei eine große Rolle, aber auch gegrillter Thunfisch und Avocado-Salat. Zu den Gästen zählen vorwiegend Einheimische. ■ Calle Principal, Tel. 928 16 41 79, Mo–Fr 13–16 und 20–23, Sa 13–16 Uhr

Einkaufen

13 **Fábrica de Aloe** Die kleine Fabrik ist von Feldern umgeben, auf denen Aloe vera gedeiht, die hier zu vielerlei Kosmetika verarbeitet wird. Man wird durch die Produktionshalle geführt und kann anschließend im Verkaufsbereich stöbern und die Produkte ausprobieren. Ganz billig sind die Erzeugnisse wie Saft, Seife, Shampoo oder Feuchtigkeitscreme zwar nicht, dafür gelten sie als besonders hochwertig. ■ FV-20 Richtung Tuineje, www.

aloeexclusive.com, Mo–Fr 10–17, Sa 10–14 Uhr, Eintritt frei

24 Antigua

Landstädtchen mit vielen Windmühlen, schöner Kirche und Käsemuseum

Unbestrittenes wirtschaftliches und kulturelles Zentrum in der bäuerlich geprägten Inselmitte ist Antigua (2300 Einw.). Der Ort bietet sogar einige, wenn auch bescheidene Einkaufsmöglichkeiten. Dennoch ist hier im Vergleich zu den Küstenorten nicht viel los. In den Bars an der Durchgangsstraße legen Radsportler, die häufig auf Fuerteventura trainieren, gerne eine Pause ein. Ansonsten fahren Touristen meist gleich weiter zum etwas außerhalb im Norden gelegenen Käsemuseum (s. u.).

Im Blickpunkt

Varianten vom Ziegenkäse

Rund 75 000 Ziegen leben auf der Insel, etwa 40 landwirtschaftliche Betriebe widmen sich dadurch der Herstellung von »Queso Majorero«. Die geschützte Ursprungsbezeichnung darf nur für Käse von Fuerteventura verwendet werden. Dessen Vielfalt ist verwirrend. Selbstredend pflegt jeder Produzent seine eigene Marke. Außerdem sind verschiedene Reifestufen im Angebot, von »tierno« (weich) über »semicurado« (halbreif) und »curado« (reif) bis »viejo« (alt). Die älteren Käse enthalten bis zu 15 % Schafsmilch und können wie Parmesan gerieben werden. Oft werden die Laibe in Paprikapulver, Kräutern oder in Gofio gewälzt.

Sehenswert

Iglesia Nuestra Señora de la Antigua

| Kirche |

Die Hauptkirche der Stadt entstand in ihrer heutigen Form in der zweiten Hälfte des 18. Jh., als sich hier die erste eigenständige Pfarrei der Insel nach Betancuria bildete. Zuvor hatten die Feudalherren dies verhindert. Innen fällt die geschnitzte Holzdecke im Stil des Mudéjar, von den nach der Reconquista in Spanien verbliebenen Mauren inspiriert, ins Auge. Bei dem Holz handelt es sich um Kanarische Kiefer aus Teneriffa, die deutlich teurer als die einheimischen Baumarten Palme oder Tamariske, dafür aber auch wesentlich haltbarer war. Im Hauptaltar wird die Figur der Jungfrau von Antigua verehrt, die aus einem Vorgängerbau (16. Jh.) stammt. Auf dem weitläufigen Kirchplatz, dem hohe Bäume Schatten spenden, treffen sich die Einheimischen zur Siesta oder in den frühen Abendstunden.

■ Plaza Cruz de los Caídos, vormittags meist geöffnet, ansonsten zur Messe Mi und So 18 (Sommer 19) Uhr

Museo del Queso Majorero

| Museum |

14 *Käsemuseum in einem ehemaligen Landgut*

Das Wahrzeichen des Museums ist eine Windmühle. Daneben steht ein altes Gutshaus mit Balkongalerie im ersten Stock. In einem modernen Trakt widmet sich das Museum dem berühmten Ziegenkäse von Fuerteventura. Seine

Herstellung, die auf die Altkanarier zurückgeht, wird ebenso dokumentiert wie die Haltung der auf der Insel allgegenwärtigen Ziegen. Im angeschlossenen Shop kann natürlich der Käse auch gekauft werden, außerdem wird dort traditionelles und modernes Kunsthandwerk angeboten. Hinter dem Gebäudekomplex lädt ein kleiner Kaktusgarten zum Ausruhen ein.
■ Ctra. de Puerto del Rosario FV-20, www.museoquesomajorero.es, Mai–Okt. Di–Sa 10–18, sonst 9.30–17.30 Uhr, Eintritt 4 €, Kinder bis 10 J. 2,50 €

Restaurants

€ | El Artesano Eher eine Snackbar, man speist vorwiegend bodenständige Tapas. Oft finden sich Ortsbewohner auch einfach nur auf einen Drink ein. ■ Calle Real 13, Tel. 606 95 50 73, Di–So 9–23 Uhr

Events

Feria Insular de Artesanía Die Kunsthandwerksmesse findet an einem langen Wochenende Ende Mai/Anfang Juni in den Straßen der Stadt oder auf dem Gelände des Museo del Queso Majorero (S. 72) statt. Kanarische Kunsthandwerker zeigen hier ihre Stickereien, Webarbeiten, Korb- und Flechtwaren oder Keramiken. ■ www.visitfuerteventura.es, Eintritt frei

Sport

Crines del Viento Reiterhof in Triquivijate, einem kleinen Nachbarort von Antigua. Auch Anfänger können hier einen einstündigen Ausritt unternehmen (meist morgens um 10 Uhr). Reitunterricht für Kinder. ■ Triquivijate 119, Tel. 678 21 31 08, www.facebook.com/centrohipicocrinesdelviento

In Antigua erfährt man, wie Queso Majorero von Hand hergestellt wird

Wandern

Im Zentrum von Antigua bei der Kirche beginnt der ausgeschilderte **Wanderweg SL FV 29**, der über die Passhöhe Degollada Vieja (583 m) auf einer alten Verbindungsroute nach Betancuria führt (pro Strecke 2 Std., mittelschwer). Rückweg wie Hinweg oder zurück per Taxi (Tel. 928 87 80 06, ca. 15 €).

In der Umgebung

Savimax

| Plantage |

Auf riesigen Feldern ringsum gedeiht die »Wüstenlilie«. In der Fabrikhalle

findet die Verarbeitung statt. Falls Besichtigungsmöglichkeit besteht, nutzten Sie diese Gelegenheit zu Probe und Kauf der Erzeugnisse, darunter Saft und diverse Kosmetikartikel.

■ Nahe FV-50 bei Majada Blanca, Calle Montaña Blanca, unregelmäßig geöffnet, Eintritt frei

25 Ampuyenta

Kleiner Ort mit einem interessanten Ensemble von Baudenkmälern

Das ehemalige Bauerndorf ist heute in seinem Kern fast schon ein Freiluftmuseum. Der Franziskanerorden spielte hier jahrhundertelang eine große Rolle, geblieben sind eine sehenswerte Kirche und das Geburtshaus eines bedeutenden Mönchs, Fray Andrés. Im 19. Jh. machte zudem ein einheimischer Arzt von sich reden. Sein Wohnhaus und ein kleines Hospital vervollständigen das Quartett der Sehenswürdigkeiten. Die Einkehrmöglichkeiten beschränken sich auf ein Restaurant (S. 75).

Sehenswert

Complejo Cultural-Patrimonial de La Ampuyenta
| Museumskomplex |

15 *Vier Baudenkmäler aus verschiedenen Epochen*

Ein berühmter Sohn des Ortes war Dr. Tomás Mena y Mesa (1802–1868), der weit in der Welt herumkam, Chirurgie studierte und in Kuba zahlreiche

Noch heute kann man in Ampuyenta auf den Spuren der Franziskaner wandeln

Patienten von verschiedenen Tropenkrankheiten heilte. Nach seiner Rückkehr 1848 lebte er in einem Haus an der Hauptstraße, das heute als Casa Museo Dr. Mena zu besichtigen ist. Zu sehen sind Einrichtungsgegenstände aus dem 19. Jh., einige davon aus dem Besitz des Arztes. Einen Teil seines Vermögens investierte Dr. Mena in das kleine Privathospital El Hospitalito schräg gegenüber, dessen Architektur an eine Kirche erinnert. Es ging nie in Betrieb und beherbergt heute ein Besucherzentrum, das für wechselnde Ausstellungen öffnet. Hinter dem Hospital versteckt sich die Ermita San Pedro de Alcántara, eine der schönsten Kirchen der Insel. Das Baudatum ist unbekannt, lag aber vor 1698. Wie es für Franziskanerkirchen üblich war, ist ihr Vorplatz von einer weißen zinnenbekrönten Mauer umgeben. Wegen der Fresken im Innern, die Altäre, Emporen und Gewölbe imitieren, wird sie als »Sixtinische Kapelle der Kanaren« bezeichnet. Außerdem beherbergt die Ermita Gemälde eines anonymen Meisters (18. Jh.) mit Szenen aus dem Leben des hl. Petrus von Alcántara, der im 16. Jh. in Spanien lebte. Bei der vierten Sehenswürdigkeit handelt es sich um die Casa Fray Andresito, das Geburtshaus des Franziskanermönchs Andrés García Acosta (1800–1853), der in Chile missionierte. Die Stätte wird gerne von Pilgern besucht.

■ El Hospitalito: Calle Virgen del Rosario; Gratisführungen zu den Baudenkmälern um 10.30, 12.30, 14.30 und 16 Uhr

Parque Escultórico

| Skulpturenpark |

Ampuyenta wird von Puerto del Rosário aus verwaltet und ist daher auch Standort von Skulpturen, die im Rahmen des Projekts »Parque Escultórico« (S. 20) über das Gemeindegebiet verteilt wurden. Beim südlichen Kreisverkehr sind die »Moais de Fuerteventura« – den Kolossen der Osterinsel nachempfundene Steinköpfe – zu entdecken. Jetzt soll die Plastik »Cabra al Viento« von Juan Miguel Cubas, eine 8 m hohe Ziegenfigur, die an die bäuerliche Vergangenheit von Ampuyenta erinnert, im Ort aufgestellt werden.

Restaurants

€ | Fidel Ein unverwüstlicher Klassiker, von Einheimischen und Touristen gern besucht. Aufgetischt wird Ziegen- und Schweinefleisch, wenngleich im einfachen Rahmen. ■ Ampuyenta 49, Tel. 928 17 52 50, Di–Sa 7–23 Uhr

Übernachten

Wer an der Ostküste Fuerteventuras Ferien macht, quartiert sich meist in Caleta de Fuste ein. Der Ort gilt wegen seines geschützten Strandes und der vorherrschenden Bungalowsiedlungen, in denen man relativ preisgünstig wohnt, als familienfreundlich. Im Umkreis der beiden Golfplätze haben sich einige Luxushotels angesiedelt. Briten stellen die Mehrheit der Feriengäste, aber auch Deutsche haben Caleta de Fuste wiederentdeckt. Neben dem Fischerort Las Playitas befindet sich in Alleinlage ein großes, sportorientiertes Ferienresort, das rund 1000 Urlaubern Platz bietet. Auch in Tarajalejo gibt es mit Hotels, Apartmenthäusern und einem Wohnmobilstellplatz eine gewisse touristische Entwicklung.

Caleta de Fuste 56

€ | Fuerteventura Beach Club Zwar eher einfach ausgestattet, aber bei kleinem Budget durchaus akzeptabel. Die Apartments in Flachbauweise verteilen sich in einem großen Garten, in dem sich auch zwei Pools befinden. Ein Restaurant gibt es ebenfalls. Zum Strand beträgt der Fußweg etwa eine Viertelstunde. Eigentlich als Timesharing-Anlage konzipiert, die Wohneinheiten werden jetzt aber über Veranstalter und Internetanbieter auch frei vermietet. ■ Calle El Greco, Tel. 928 16 36 20, www.eliteclubresorts.com

€ | Globales Costa Tropical Wer von einem zentralen Standort die Insel per Mietwagen erkunden möchte, liegt mit diesem Ferienkomplex richtig. Gefällige Einrichtung mit einem exotischen Touch. Apartments und Bungalows gruppieren sich um einen recht geräumigen Pool. Ringsherum ist nicht viel los. Es geht ruhig zu, einmal abgesehen von den Starts und Landungen auf dem nahe gelegenen Flughafen. ■ Costa de Antigua, Calle Maestro Leonardo, Tel. 928 16 32 29, www.hotelesglobales.com

16 **€ | La Casita** Das gemütliche, kleine Frühstückshotel in zentraler Lage wird von italienischen Eigentümern geführt. 17 Zimmer, alle sehr geschmackvoll mit Naturmaterialien wie Rattan eingerichtet und in warmen Farben dekoriert. Kanarische Architektur, im Innenhof befinden sich Garten und Pool. Jedes Zimmer verfügt über einen Balkon. Es gibt eine kleine Bar. ■ Calle Alcalde Francisco Berriel Jordan 8, Tel. 928 85 70 99, www.lacasitahotel.com

€€ | Barceló Fuerteventura Mar Hier wird Wellness groß geschrieben. Fuerteventuras wohl führendes Spa-Hotel bietet ein supermodern ausgestattetes Thalasso-Therapiezentrum. Aber auch die Poollandschaft ist nicht zu verachten. Wer ein Superior-Zimmer bucht, genießt im eigenen Bad die Hydromassage, eine Regendusche ist in allen Zimmern vorhanden. Erwachsene freuen sich außerdem über das große Sport- und Animationsprogramm. Für Kinder gibt es einen als Piratennest gestylten Spielbereich und den Barcy Club mit intelligenten Spielen und Workshops. ■ Avenida del Castillo, Tel. 928 54 75 17, www.barcelo.com

€€€ | Barceló Castillo Beach Resort Der Klassiker im Ort, eine gefällige Anlage im Bungalowstil hinter Strand und Hafen. Hier urlauben viele Familien. Man kann sich selbst verpflegen oder auch die drei Restaurants, Café und Snackbar nutzen. Es gibt drei Pools, Sauna, Whirlpool, Fitnessbereich und ein Spa. ■ Avenida del Castillo, Tel. 928 16 31 00, www.barcelo.com

Las Playitas 63

€€ | Playitas Resort In der weitläufigen Ferienanlage wird nicht auf Animation gesetzt, sondern auf ernsthafte sportliche Betätigung. Schwimmbad mit Olympiamaßen, Fitnesspark, anspruchsvoller 18-Loch-Golfplatz und eine 122 m lange Rutsche im Poolbereich sind vorhanden. Auch ansonsten ist das Sportangebot breit gefächert. Drei Unterkunftstypen stehen zur Auswahl: Das Playitas Hotel eignet sich vor allem für Paare und Alleinreisende und bietet angenehme, funktionale Zimmer, aber auch geräumigere Juniorsuiten und sogar vier Zimmer mit privatem Pool auf der Terrasse. Gegenüber im Playitas Aparthotel fühlen sich Familien in Studios und Apartments wohl. Beide Hotels verfügen über Büfettrestaurants, deren Angebot auf Sportler ausgerichtet ist. Teurer und exklusiver sind die Villen, die etwas abseits vom Meer in der Nähe des Golfplatzes liegen. ■ Playa de Las Playitas, Tel. 928 86 04 00, www.playitas.net, Golfplatz: www.playitas.net/de/golf

Freunde des Golfsports können im Playitas Resort ihrem Hobby frönen

Tarajalejo 66

€€ | R2 Bahía Playa Design Hotel & Spa In dem modern-minimalistisch eingerichteten Hotel am Strand neben dem alten Fischerort bleiben Erwachsene unter sich. Das mit Saunalandschaft, Jacuzzi und Eisbrunnen ausgerüstete Spa kann gegen Gebühr genutzt werden. Im Sportbereich werden u.a. Bogenschießen, Wassergymnastik und Tischtennis angeboten. Abends Entertainment mit Musik und Liveshows. Angeschlossen sind die im angrenzenden Garten gelegenen, für frisch verliebte Paare konzipierten R2 Romantic Fantasia Suites, auch diese für »adults only«. ■ Avenida de las Palmeras, Tel. 928 54 60 54, www.r2hotels.com

Das Bergland im Westen der Insel

Fuerteventuras ursprünglichster Teil hält pittoreske Dörfer und Palmenoasen zwischen kargen Felslandschaften bereit

Die winzige alte Hauptstadt Betancuria mit ihrem malerischen Ortsbild, historischen Baudenkmälern und einer hervorragenden Gastronomie wirkt auf Tagesbesucher wie ein Magnet. Auch die Palmenoase Vega de Río Palmas und die Kleinstadt Pájara mit ihren noblen Gutshäusern und einer rätselhaften Kirche ziehen viele Besucher in den Bann. Großartige Panoramen bieten mehrere Aussichtspunkte an der kurvenreichen Straße durch die Berge, allen voran der Mirador de Morro Velosa. Schwer zugänglich ist die Steilküste im Westen. Individualisten verbringen ihre Ferien an einem winzigen, wellenumtosten Strand bei Valle de Santa Inés. Der Fischerort Ajuy zieht sowohl Einheimische als auch Touristen wegen seiner renommierten Fischlokale an. In seiner Umgebung lassen sich dunkle Höhlen, ein alter Kalkhafen und ein wasserreicher Palmenhain erkunden.

In diesem Kapitel:

ADAC Top Tipps:

7 Betancuria
| Historische Stadt |
Inseleroberer Jean de Béthencourt gründete hier, mitten in den Bergen, seine Hauptstadt. Aus dieser Zeit sind in dem winzigen Ort eine ehemalige Kathedrale, Stadtpaläste und ein verfallenes Kloster erhalten geblieben. 82

8 Iglesia Nuestra Señora de Regla, Pájara
| Kirche |
Die aztekisch anmutende Fassade der Kirche von Pájara gibt Rätsel auf. Doch stammen die Steinmetzarbeiten nicht von indianischen Künstlern, sondern entspringen einer europäischen Mode der Barockzeit. 91

ADAC Empfehlungen:

17 Mirador de Morro Velosa, bei Betancuria
| Aussichtspunkt |
Im Stil von Lanzarotes Ausnahmekünstler César Manrique entstand der Aussichtspunkt mit weitem Blick nach Norden. 88

18 Casa de la Naturaleza, bei Vega de Río Palmas
| Restaurant |
Mit viel Liebe zum Detail verwandelte der auf der Insel lebende Fotograf und Designer Reiner Loos das ländliche Haus in ein lauschiges Gartenlokal mit audiovisueller Schau zum Naturpark Betancuria. 90

19 Cuevas de Ajuy
| Höhlen |
Eine abenteuerlich steile Treppe erschließt die beiden finsteren Grotten am Meer, vor denen die Brandung tobt. 93

26 Valle de Santa Inés

Ein Dorf von historischer Bedeutung, mit wildem Strand

Der Bauernort, in dem heute nur noch etwa 300 Menschen leben, wurde vermutlich schon im 15. Jh. gegründet und ist damit eine der ältesten Siedlungen Fuerteventuras. Seine Häuser, zu denen auch einige sorgfältig restaurierte Gutshöfe zählen, verteilen sich locker in der Landschaft. Ein Dorfkern fehlt. Das Geschehen spielt sich rund um die zentrale Straßenkreuzung ab, wo sich das einzige Restaurant und ein kleiner Gemischtwarenladen gegenüberstehen. Zwar stammt die auf der ganzen Insel bekannte Töpferdynastie Acosta aus Valle de Santa Inés, doch ihre Erzeugnisse sucht man hier vergeblich. Ohne Drehscheibe, mittels der von den Altkanariern aus Afrika mitgebrachten Aufbautechnik, formen die Frauen Tongefäße, mit denen sich früher die Nachbarschaft und Durchreisende eindeckten. Inzwischen hat die Familie der Anfang 2022 verstorbenen Keramiklegende Josefa Acosta einen Stand auf dem Oasis Market (S. 68), und ihre Tochter Salomé arbeitet in der Werkstatt des Freilichtmuseums La Alcogida in Tefía (S. 50), wo sie auch ausbildet.

Sehenswert

Ermita de Santa Inés

| Kirche |

Wahrscheinlich gründete Inés Peraza, die Gattin des damaligen Inselherrschers Diego García de Herrera, die Ermita schon in der zweiten Hälfte des 15. Jh. und ließ sie ihrer Namenspatronin weihen. 1586 wurde das Gotteshaus erstmals schriftlich erwähnt. Bis ins 17. Jh. hinein fand in der Kirche nach der Messe anlässlich der Fiesta de Santa Inés (s. u.) die Auslosung von zwei der vier Ratsherren von Fuerteventura für eine Amtszeit von jeweils einem Jahr statt. Die Kandidaten stammten aus den örtlichen Großgrundbesitzerfamilien. Betancuria stellte die beiden anderen Räte. Größere Umbauten erfolgten im 18. Jh. Damals wurde der seitliche Glockengiebel mit geschwungenen Voluten im Barockstil gemauert. Erst 1968 entstand die sehenswerte Eingangstür an der vorderen Fassade. Der Holzschnitzer José Melián Martín aus Antigua fertigte sie im Kassettenstil und verzierte sie mit allerlei hübschen Motiven aus dem Pflanzen- und Tierreich. Die Dorfbewohner freuen sich über den kürzlich renovierten und gepflasterten Platz vor der Kirche, auf dem sie bei besonderen Anlässen, etwa Hochzeiten, zusammenstehen.

■ Plaza Valle de Santa Inés 1, meist nur zur Messe am 2. und 4. Do im Monat 18 (Sommer 19) Uhr geöffnet

Restaurants

€ | Abuelo Alfredo Einfaches kanarisches Ausflugsrestaurant, deftige Küche. Mittags kehren hier Busgesellschaften ein, aber auch Einzelreisende werden gut bedient. Mit kleiner Straßenterrasse. ■ Calle Real, Tel. 928 87 87 64, Mo–Sa 6–17, Küche ab 12 Uhr

Events

Fiesta de Santa Inés Dieses Kirchenfest gilt als das älteste der Insel. Mit feierlicher Prozession und Folkloretänzen. ■ 21. Januar

Blick vom Mirador de Morro Velosa auf das historische Dorf Valle de Santa Inés

In der Umgebung

Llanos de la Concepción

| Bauerndorf |

Ähnlich wie das benachbarte Valle de Santa Inés war die Streusiedlung Llanos de la Concepción (200 Einw.) früher ein Zentrum des Getreideanbaus. Erhalten geblieben sind ein alter Getreidesilo und zwei inzwischen restaurierte Windmühlen vom Typ »molino« (S. 27). Bei einer von ihnen drehen sich als Besonderheit nicht die üblichen vier, sondern sechs Flügel.

■ FV-30, 1,5 km nordöstl. von Valle de Santa Inés

Playa del Valle

| Strand |

Einsam an der Westküste liegt diese Playa. Die Straße endet bei der kleinen Apartmentanlage Aguas Verdes (S. 97), die vor allem von Urlaubern auf der Suche nach Ruhe und Abgeschiedenheit angesteuert wird. Von dort fährt oder läuft man noch 1 km auf einer Piste bis zu einem Kiesstrand. Ringsum verteilen sich einige Ferienhäuser. Flache Klippen bilden vor der Playa del Valle eine der Brandung ausgesetzte Bucht, in der man unter Wasser Reste des Schiffswracks der »Jucar« erkunden kann, das hier seit den 1980er-Jahren lag, im Jahr 2000 aber demontiert und abtransportiert wurde. Unweit nördlich liegen die Charcones, natürliche Felspools. Hier wie dort ist das Baden je nach Wetterlage gefährlich. In jedem Fall kann man aber die wohltuende Sonnenwärme auf den dunklen Felsen genießen oder einen Strandspaziergang unternehmen.

■ 8 km nordwestl. von Valle de Santa Inés

27 Betancuria

Palmengesäumte Idylle mit bewegter Vergangenheit

Hinter weiß getünchten Fassaden wartet Betancuria mit historischem Flair auf

Information

- www.aytobetancuria.org
- Parken: siehe S. 86

7 *Charmante alte Hauptstadt mit Kathedrale, Kloster und Palästen*

Gerade einmal 200 Einwohner zählt die historische Hauptstadt von Fuerteventura. Dennoch wirkt sie dank ihrer gewaltigen Kirche, der vornehmen einstmaligen Adelssitze und des malerischen Gesamtbilds nicht wie ein Dorf. Palmen ragen zwischen den weißen Häusern auf, Hibiskus und anderer Blütenschmuck zieren die schmalen Gassen, die unweigerlich zum Bummeln einladen. Betancuria lockt viele Tagesbesucher an, die seine Baudenkmäler besuchen, bevor sie sich in einem der netten Lokale mit Tapas oder Inselspezialitäten verwöhnen lassen. Wer die kleine Stadt einmal ganz untouristisch erleben möchte, sollte bis in die Abendstunden hinein bleiben.

Der Inseleroberer und Stadtgründer Jean de Béthencourt kehrte schon 1412 in seine Heimat Normandie zurück und überließ seinem Neffen Maciot die Statthalterschaft. Dieser trat wiederum sechs Jahre später seine Rechte unter dem Druck des kastilischen Königs an Alfonso de Las Casas ab. Dessen Fami-

Plan
S. 87

lie übte in der Folgezeit die Lehnsherrschaft über Fuerteventura aus. Abseits der Küste gelegen und durch die umliegenden Berge geschützt, war Betancuria eigentlich vor Piratenüberfällen relativ sicher. Dennoch gelang es 1593 Sarazenen, die Stadt auszuplündern und großenteils zu zerstören. Die heutige Kirche und die Paläste in den Gassen ringsum stammen aus der Zeit des Wiederaufbaus (17. Jh.). Danach passierte in Betancuria nicht mehr viel. Die Herrscherfamilie verlegte ihren Wohnsitz nach Teneriffa, die Macht auf Fuerteventura ging an die Obersten von La Oliva (S. 42) über. 1834 verlor Betancuria mit der Abschaffung des Feudalsystems in Spanien seine Hauptstadtfunktion auch offiziell. Erst in jüngerer Zeit erfolgte durch den Tourismus eine Wiederbelebung.

Sehenswert

1 Iglesia Santa María

| Kirche |

Die Hauptkirche der Stadt war für sechs Jahre sogar Kathedrale. In der Zeit des Kirchenschismas hatte sich der Bischof von Lanzarote dem Gegen-

Im Blickpunkt

Jean de Béthencourt

Was zog Jean de Béthencourt eigentlich auf die Kanaren? Er war Lehnsherr des normannischen Färberorts Grainville-la-Teinturière. Um seine hohen Schulden zu begleichen, wollte er einen Handel mit der auf den Kanaren heimischen Lackmusflechte aufbauen, die einen wertvollen violetten Naturfarbstoff lieferte. Zu diesem Zweck begab er sich in die Dienste des Königs von Kastilien, der ihm die vom Papst verliehenen Eroberungsrechte an den Kanarischen Inseln übertrug. Béthencourt besetzte 1402 zunächst Lanzarote und drei Jahre später auch Fuerteventura, wo er die nach ihm benannte Hauptstadt Betancuria gründete. Nach der Färberflechte heißen die beiden Inseln heute noch Purpurarien.

Die charmante alte Hauptstadt heißt Besucher herzlich willkommen

papst in Avignon unterstellt. So ernannte der Vatikan 1424 einen zweiten kanarischen Bischof mit Sitz in Betancuria. 1430, nachdem der Gegenpapst zurückgetreten war, wurde dieses Bistum allerdings hinfällig. Der ursprüngliche Bau erlitt bei dem Piratenüberfall von 1593 schwere Schäden und wurde anschließend als Wehrkirche gestaltet, mit dicken Mauern und kleinen, von außen nur mit Leitern erreichbaren Fenstern. Am Portal im Stil der Spätrenaissance prangt noch das bischöfliche Wappen mit der Mütze über gekreuzten Schlüsseln. Die Mudéjar-Holzdecke im Inneren wurde vor allem im rechten Seitenschiff sehr aufwendig geschnitzt. Der teils vergoldete, teils üppig mit Früchten und Landschaften bemalte Barockaltar im Chor stammt von 1684. Von der ersten Kirche blieb noch der Spitzbogen davor erhalten, ebenso wie der sogenannte Eselsrücken, eine übersteigerte Form des Kielbogens am Eingang zur Sakristei. Letztere beherbergt ein kleines Museum mit dem Kirchenschatz. Im linken Seitenschiff wird die frühbarocke Figur der Virgen de la Concepción (Jungfrau der Unbefleckten Empfängnis) aufbewahrt, der Schutzpatronin von Betancuria.

■ Calle San Diego de Alcalá 2, Mo–Sa 10–12.30 und 13–15.45, So 10.30–14.15 Uhr, 1,50 €

2 Casa Santa María

| Ethnografisches Museum |

Vor Jahren kaufte der Fotograf Reiner Loos den ehrwürdigen Adelspalast am Kirchplatz und verwandelte ihn in ein spannendes Museum. Kunsthandwerker führen Besuchern ihre Arbeit vor, eine kleine Ausstellung zeigt Fotos vom Fuerteventura früherer Jahrzehnte sowie altes landwirtschaftliches Gerät. Zum hausgebackenen Brot werden »mojo«, Käse und Wein gereicht (im Eintrittpreis inbegriffen). Eine Multivisionsschau, die Loos gemeinsam mit seinem Kollegen Luis Soltmann zusammengestellt hat, führt die letzten authentischen Winkel der Insel vor, im 3D-Kino wird die Unterwasserwelt vor der Küste gezeigt, auch ein virtueller Ziegenstall steht auf dem Programm.

■ Plaza Santa Maria 1, www.casasantamaria.net, Mo–Sa 10–14 Uhr, 6 €, erm. 3 €

3 Museo Arqueológico de Fuerteventura

| Inselmuseum |

Ein Stadthaus an der Hauptstraße beherbergt die Rezeption des Museums. Die umfangreiche archäologische, historische und ethnografische Sammlung wird in einem angrenzenden Neubau mit riesigen Glasscheiben, die einen spektakulären Blick auf den Ort ermöglichen, gezeigt. Zum Bestand gehören sechs wertvolle Statuetten (Idole) aus der Cueva de los Ídolos bei La Oliva. Vermutlich nutzten die Altkanarier sie bei Fruchtbarkeitsritualen. Auch die bedeutenden prähistorischen Funde aus der Cueva de Villaverde sind hier zu sehen. Außerdem befinden sich altes Haus- und Landwirtschaftsgerät und Keramik aus der Zeit nach der Conquista im Bestand des Museums.

■ Calle Roberto Roldán, www.cabildofuer.es, Di–Sa 10–17 Uhr, Eintritt frei

4 Calle Roberto Roldán

| Straßenzug |

Jean de Béthencourt soll zu Beginn des 15. Jh., kurz nach der Eroberung Fuerteventuras, 200 Bauern und Handwerker aus der Normandie angeworben haben, um Betancuria zu besiedeln. Aus dieser Zeit sind noch einige eingeschossige, spätgotische Häuser in der Calle Roberto Roldán, der heutigen Durchgangsstraße, und in ihrer Parallelstraße Calle Hermanos Martín Fajardo erhalten. Manche weisen an Tür oder Fenster einen Eselsjochbogen auf, der an einen umgekehrten Schiffskiel erinnert und daher von den Kunsthistorikern auch Kielbogen genannt wird. Dieses dekorative Element gelangte von Persien mit den Mauren nach Südspanien und von dort auf die Kanarischen Inseln. Die meisten Gebäude aus der Gründungszeit der Stadt wurden bei einem Piratenüberfall 1593 unter dem Kommando des Korsaren Xabán Arráez zerstört und anschließend in einem neuen, deutlich kanarisch geprägten Stil wiederaufgebaut.

5 Convento de San Buenaventura

| Klosterruine |

In einer lauschigen Gartenanlage nahe der Straße nach Antigua stehen die Reste des ehemaligen Franziskanerklosters. Erhalten geblieben sind von dem Bau, der ab 1416 errichtet wurde, fast nur die Außenmauern in Form eines lateinischen Kreuzes, das typisch für den Franziskanerorden ist. Das gotische Portal mit einem Spitzbogen ist noch vorhanden, ebenso ein Fenster mit Eselsjochbogen. Außerdem kann man eine Grabplatte vor dem ehemaligen Altar und Reste des Kreuzgangs ausmachen. Nach Auflösung aller Klöster in Spanien wurden 1836 wertvolle Objekte wie Heiligenfiguren oder Bilder in andere Kirchen überführt. Der Rest des Gebäudekomplexes wurde allmählich von der Bevölkerung abgetragen und als Baumaterial verwendet. Zur Ruine gehört eine kleine Grünanlage, die nach dem Eroberer Diego García de Herrera benannt ist.

■ Calle Presidente Hormiga 13, frei zugänglich

ADAC Wussten Sie schon?

Eine kulinarische Besonderheit der Insel ist **»cabrito al horno«**, geschmortes Zicklein aus dem Ofen. Zuvor wird das Fleisch in Buttermilch eingelegt, um es besonders zart zu machen. Gewürzt wird mit Knoblauch und frischen Kräutern, etwa Thymian oder Rosmarin. Viele Restaurants sind auf dieses Gericht spezialisiert. Bei den Einheimischen gilt es als Festspeise, die gerne auch zu Weihnachten auf den Tisch kommt.

Im Blickpunkt

Franziskaner auf Fuerteventura

Die ersten sieben Franziskanermönche kamen schon 1405 mit Jean de Béthencourt auf die Insel. Sie kümmerten sich zunächst um die Seelsorge der Normannen, begannen aber bald mit der Missionierung der Altkanarier. Ihren Hauptsitz richteten sie in Betancuria ein. Von dort aus gründeten sie überall auf Fuerteventura Einsiedeleien und Dorfkirchen nach einem einheitlichen Schema. Eine weiße, von Zinnen gekrönte Mauer umschließt in der Regel den Kirchhof. An der Frontfassade der ansonsten sehr schlichten Kirche ragt zentral, seltener auch seitlich, der kleine Glockengiebel auf. Innen sind auf Gemälden oft Szenen aus dem Leben von Franziskanerheiligen dargestellt, am schönsten in Ampuyenta (S. 74). Aus Ampuyenta stammte auch der wohl berühmteste Franziskanerbruder der Insel, Andrés García Acosta (1800–1853), der als Missionar nach Chile ging. Von der Säkularisation im 19. Jh., die mit einer Enteignung sämtlichen Besitzes einherging, konnte sich der Franziskanerorden auf Fuerteventura nicht mehr erholen.

6 Capilla San Diego de Alcalá
| Kapelle |

Nicht weit vom Kloster San Buenaventura, nur durch ein Bachbett getrennt, wurde dieses schlichte Gotteshaus über eine ehemalige Höhle gesetzt, in die sich Diego de Alcalá (auch Bruder Didacus genannt), der von 1445 bis 1449 das Amt des Abts im Franziskanerkloster bekleidete, zum Gebet zurückzog. Wegen der zahlreichen Wunder, die er bewirkt haben soll, wurde er später heiliggesprochen.

■ Ctra. de Puerto del Rosario FV-30, geöffnet nur zu besonderen Anlässen

P Parken

Im Zentrum sind Parklücken knapp. Am besten stellt man den Wagen auf dem großen Parkplatz am **südlichen Ortseingang** ab (pro Tag 3 €, mit WC (1 €) und zwei Ladestationen für E-Autos; 5–10 Min. zu Fuß ins Zentrum).

Restaurants

€ | La Casa del Queso Nicht nur Käse, wie der Name andeutet, sondern auch andere kleine Gerichte werden auf der schmalen Straßenterrasse verspeist, mit Blick auf das Geschehen. Radfahrer legen hier gerne eine Pause ein. ■ Calle Roberto Roldán 8, Tel. 696 69 98 68, Mo–Fr 9.30–15.30, Sa, So 11–18.30 Uhr, Plan S. 87 b3

€€ | Bodegón Don Carmelo Hübsch hergerichtetes Stadthaus mit Terrasse im Garten. Gekocht wird mit frischen Zutaten, auch vegetarisch. Die meisten Gäste bestellen Tapas. Gerichte zum Sattwerden und üppige Desserts stehen ebenfalls auf der Speisekarte. ■ Calle Alcalde Carmelo Silvera 4, Tel. 637 73 70 98, Mi–So 11–18 Uhr, Plan S. 87 b2

€€ | Casa Princess Arminda Die Tische im Patio des restaurierten alten Hauses sind sehr begehrt. Aufgetischt werden traditionelle Tapas und Fleischgerichte, etwa Lamm- oder Ziegenragout. ■ Calle Juan de Béthencourt 2, Tel. 928 87 89 79, tgl. 12–17 Uhr, auf Anfrage auch abends, Plan S. 87 b2

€€€ | Casa Santa María Sicherlich eines der Spitzenlokale der Insel. Wunderschön sitzt man im begrünten Innenhof des alten Stadtpalastes. Spezialität des Hauses ist Zicklein mit Rosmarinsoße. ■ Plaza Santa María 1, Tel. 928 87 82 82, www.casasantamaria.net, So, Mo und Mi–Sa 10–17, Sa auch 19–0.30 Uhr, Plan S. 87 b2

Einkaufen

Finca Pepe Hier wird die Käsemarke El Convento hergestellt und verkauft. Die urige Ziegenfarm und ein kleines Käsemuseum sind zu besichtigen. Im angeschlossenen Shop darf auch probiert werden. ■ Granja Las Alcaraveras, Zufahrt ab FV-30 Richtung Antigua (auf Höhe Franziskanerkloster nach Westen abbiegen), tgl. 8–20 (Produktion 9–12) Uhr, Eintritt frei, Plan S. 87 östl. c3

Souvenirs Betancuria Wer ein hübsches Mitbringsel von der Insel sucht, wird in diesem Kunsthandwerksladen sicher fündig. Ein großer Fundus von Korbwaren, Keramik, Stickereien, Webarbeiten, Schmuck und kulinarischen Spezialitäten (Marmeladen, Mojo-Soßen), nicht alles, aber vieles von der Insel. ■ Calle Valtarajal 2, tgl. 10–18 Uhr, Plan S. 87 b2

Events

Fiesta de San Buenaventura Fest zu Ehren des Inselpatrons, eines Franziskanerheiligen. Das Eroberungsbanner,

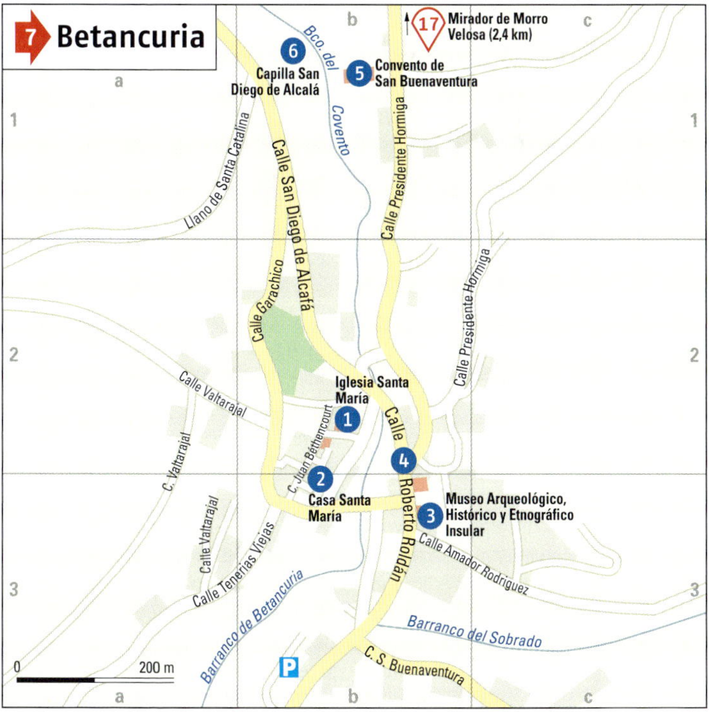

Weit schweift der Blick vom Aussichtspunkt Morro Velosa über Berge bis zum Meer

das der kastilische König 1454 dem Inselherrscher Diego García de Herrera zur Bestätigung seines Lehens verlieh, wird nach der Mittagsmesse einer Prozession vorangetragen, von einer Blasmusikkapelle begleitet. Davor und danach wird eine Woche lang mit einem bunten Programm gefeiert.

■ 14. Juli, www.aytobetancuria.org

In der Umgebung

Castillo de Lara

| Picknickplatz |

Dieses Ausflugs- und Picknickgelände liegt mitten in Fuerteventuras einzigem Wald, der durch Aufforstung von Kiefern entstanden ist. Am Wochenende herrscht Trubel, an anderen Tagen genießt man hier Ruhe, Schatten und Vogelgezwitscher. Die Anlage ist ausgerüstet mit Tischen und Bänken, Grillstellen, Spielplatz und Toiletten.

■ FV-30, Km 16,5, ab dort 1,5 km lange Zufahrtspiste (ausgeschildert)

Mirador Guise y Ayose

| Aussichtspunkt |

An der Passhöhe nördlich von Betancuria lohnt in jedem Fall ein Stopp, um die Sicht ins Tal hinab zur Stadt und auch in die entgegengesetzte Richtung, zum Inselnorden, zu genießen. Die Bronzestatuen zweier prähistorischer Inselfürsten, Guise und Ayose, zieren seit einigen Jahren den Aussichtspunkt.

■ FV-30 Richtung Antigua, Km 12,5, 3 km nördl. von Betancuria

Mirador de Morro Velosa

| Aussichtspunkt |

17 *Faszinierendes Aussichtsgebäude, Inselpanorama*

Blanca Cabrera Morales, eine Nichte des charismatischen Künstlers César

Manrique von Lanzarote, entwarf das Aussichtsgebäude in 645 m Höhe ganz im Sinne ihres Onkels. Aus der Ferne ist es von der zentralen Inselebene aus kaum auszumachen und scheint mit dem Hang, an den es sich schmiegt, zu verschmelzen. Nähert man sich ihm auf der Stichstraße, die nahe beim Mirador de Betancuria abzweigt, ähnelt der Bau mit seinem breiten Treppenaufgang, der umlaufenden Galerie und dem flachen roten Ziegeldach einem kanarischen Gutshof. Die nach Norden gewandte Aussichtsseite des Gebäudes wird durch riesige Glasscheiben geprägt. Zugänglich war zuletzt nur die windumtoste Außenterrasse, auf der ein Fernrohr einen detaillierten Blick auf weite Teile der Insel ermöglicht.

■ FV-30 Richtung Antigua, 4 km nordöstl. von Betancuria, Außenterrasse frei zugänglich

28 Vega de Río Palmas

Bauernhäuser in einer Palmenoase, Pilgerkirche mit Statue der Inselheiligen

Palmen säumen die Terrassenfelder von Vega de Río Palmas (200 Einw.), auf denen in jüngerer Zeit wieder vermehrt Gemüse angebaut wird. Für die Bewässerung pumpen die Landwirte Grundwasser aus dem feuchten Talgrund herauf. Ihre weißen Flachdachhäuser stehen über das Tal verstreut, die Szenerie erinnert an Nordafrika. Das Heiligtum der Inselmadonna an der Hauptstraße zieht zahlreiche Pilger und Neugierige an. Zu den weiteren Attraktionen in dem kleinen Ort zählen zwei der wohl schönsten Restaurants der Insel, die Casa de la Naturaleza und Don Antonio (S. 90).

Sehenswert

Iglesia Nuestra Señora de la Peña

| Kirche |

In der Wallfahrtskirche verehren die »Majoreros« ihre Inselheilige, die Felsjungfrau. Deren spätgotische Statue aus Alabaster soll Jean de Béthencourt zu Beginn des 15. Jh. aus der Normandie mitgebracht haben. Zunächst wurde sie in Betancuria aufbewahrt, doch 1593 retteten Gläubige sie vor dem Raub durch Piraten und versteckten sie im Barranco unterhalb von Vega de Río Palmas. Später verblieb sie im Ort, wo im 17./18. Jh. eigens die Kirche für sie errichtet wurde. Das noch im Renaissancestil gehaltene Portal wird von zwiebelförmigen Zwillingssäulen eingerahmt, eine Form, die oft im spa-

ADAC Mittendrin

Das größte Fest Fuerteventuras und eine gute Gelegenheit, sich unter die Einheimischen zu mischen, ist das Fest zu Ehren der Inselheiligen, die **Fiesta Nuestra Señora de la Peña**. Am Freitag strömen Pilger aus allen Winkeln der Insel herbei, etwa um damit ein Gelübde zu erfüllen oder die Madonna um Hilfe in einer Lebenskrise zu bitten. Die eigentlichen religiösen Feierlichkeiten mit Messe und Prozession finden am Samstag statt. Danach wird tagelang auf weltliche Weise weitergefeiert, mit Musik, Tanz, leiblichen Genüssen und Feuerwerk.

Vega de Río Palmas, www.aytobetancuria.org, drittes Septemberwochenende

Im Blickpunkt

Fruchtbare Palmenoase

Zu den idyllischsten Flecken der Insel zählt der Barranco de Las Peñitas unterhalb von Vega de Río Palmas. In dem feuchten Talgrund gedeiht die Kanarische Dattelpalme, die zwar keine essbaren Früchte hervorbringt, aber durch ihren majestätischen Wuchs gefällt. Ab der Casa de la Naturaleza (S. 90) bietet sich ein Spaziergang (hin und zurück 45 Min.) auf dem ersten Abschnitt des ausgeschilderten Wanderwegs SL FV 27 zum ehemaligen Stausee Presa de Las Peñitas an. In den 1940er-Jahren angelegt, wurde er durch salzhaltiges Quellwasser rasch unbrauchbar und verlandete. Heute ist er großenteils von Tamarisken überwuchert. Zahlreiche Vogelarten fühlen sich in dem dichten Gebüsch wohl, etwa Kanarenblaumeise, Blässhuhn und Teichhuhn, aber auch der Schmutzgeier.

nischen Kolonialbarock in Südamerika anzutreffen ist. Den Hauptaltar (1769) zieren Gemälde, auf denen die Taufe Jesu, die Apostel Petrus und Paulus, die Jungfrau der Apokalypse und Josefs Traum dargestellt sind. Das Schnitzwerk der Holzdecke ist im Mudéjar-Stil gehalten, den die nach der Reconquista in Spanien verbliebenen Mauren pflegten, besonders im Chor ist sie reich mit floralen Motiven geschmückt.

■ Calle Pedro Peña, Di–So 11–13 und 17–19 Uhr, Messe So 12 Uhr

Restaurants

18 **€€ | Casa de la Naturaleza** Der auf Fuerteventura ansässige Fotograf Reiner Loos gestaltete nicht nur das Restaurant Don Antonio (s. u.) und die Casa Santa María in Betancuria (S. 87), sondern als neuestes Projekt auch dieses idyllische, in einen subtropischen Garten eingebettete Terrassenlokal am unteren Ortsrand von Vega de Río Palmas. Auf den Tisch des Hauses kommen typische Inselgerichte, vorwiegend in der Art von Tapas sowie köstlicher Kuchen. Eine Bild- und Tonschau (Eintritt 3 €) zum Naturpark Betancuria in einem Nebengebäude vervollständigt das Angebot. ■ Camino San Juan Torcaz, Tel. 928 17 54 64, www.casanaturaleza.net, Di–Sa 10.30–17, So 12.30–17 Uhr

€€ | Don Antonio Das Lokal in einem liebevoll renovierten Dorfhaus aus dem 17. Jh. neben der Kirche ist ein kleines Juwel. Die Küche serviert deftige kanarische Gerichte, jedoch im gehobenen Stil. Man sitzt und genießt im lauschigen Patio oder im rustikalen Speiseraum. ■ Plaza de la Peña, Tel. 928 87 87 57, www.restaurantedonantonio.net, Do–Di 10–17 Uhr

In der Umgebung

Mirador Risco de las Peñas
| Aussichtspunkt |
Der höchste Punkt der eindrucksvollen Passstraße, die Vega de Río Palmas mit Pájara verbindet, lädt mit einem großen Parkplatz zu einem Halt ein. Weit schweift der Blick über die kargen, in allen Ockertönen schimmernden Berge und in die Ferne zum Atlantik. Seit 2014 erinnert dort ein vom Bildhauer Juan Miguel Cubas gestalteter Monolith an alle auf der Insel verunglückten Motorradfahrer und ermahnt zu einer vorsichtigen und verantwortungsvollen Fahrweise.

■ FV-30, Km 25

29 Pájara

Historische Kleinstadt, aztekische Reliefs an der Kirche, noble alte Häuser

Früher waren hier einige Großgrundbesitzer ansässig, wie so manches für Inselverhältnisse aufwendig gestaltete Haus im Ort bezeugt. Auch heute herrscht in Pájara (1100 Einw.) wieder Wohlstand, denn die Stadt ist Verwaltungssitz einer Gemeinde, zu der die Ferienzentren der Halbinsel Jandía mit ihrem hohen Steueraufkommen zählen. So wirkt alles ziemlich herausgeputzt. Richtig etwas los ist nur rund um den Kirchplatz, wo auch das Rathaus steht. Gegenüber auf der Terrasse des Lokals La Fonda (S. 92) sitzen am frühen Vormittag, bevor die ersten Tagestouristen eintreffen, die Einheimischen, gönnen sich einen Kaffee, halten einen kleinen Plausch und lauschen den unzähligen Spatzen, die in den hohen Lorbeerbäumen auf der Plaza tschirpen.

Sehenswert

Iglesia Nuestra Señora de Regla
| Kirche |

8 *Indianisch anmutende Steinmetzarbeiten an der Fassade*

Nachdem die Pfarrgemeinde kräftig gewachsen war, musste die ursprüngliche Kirche zu Beginn des 18. Jh. dem heutigen Bau weichen. Das größere der beiden Kirchenschiffe konnte 1711 eingeweiht werden, ein zweites, etwas kleinere rechts daneben folgte 1731. Das Hauptschiff erhielt ein sonderbar anmutendes Portal, das die Kunsthistoriker lange beschäftigte. Seine in Stein gehauenen Ornamente erinnern an Vorbilder aus der Aztekenkunst. Im Relieffries über dem Rundbogentor sind Raubkatzen und Schlangen, drei federgeschmückte Häupter und ein Sonnenmuster zu erkennen. Ursprünglich glaubte man daher, das Portal sei in Mexiko entstanden. Wie sich herausstellte, stammt das Gestein jedoch aus dem nahe gelegenen Ajuy. Schließlich entdeckte man in der Schrift »Iconologia« (1593) des italienischen Gelehrten Cesare Ripa, einer Anleitung für die Künstler der Barockzeit, den Vorschlag, Bilder durch indianische Motive zu »verrätseln«. Wer das Portal in Auftrag gegeben hat, ist unbekannt. Innen thront eine Statue der Virgen de Regla (17. Jh.), die speziell in Kuba verehrt wird, im Hauptaltar. Wahrscheinlich wurde die Figur auch dort angefertigt und von zurückgekehrten kanarischen Emigranten mit in die Heimat gebracht. Beeindruckend sind auch der Barockaltar und die Holzdecke im Mudéjar-Stil.

■ Plaza Nuestra Señora de Regla, Mo, Di, Do, Fr 9–13, Mi 9–13 und 18–21, So 18–21 Uhr

Noria

| Schöpfradbrunnen |

Vor dem modernen Rathaus steht ein restauriertes altes Wasserhebewerk. Derlei Konstruktionen sollen in Spanien auf die Mauren zurückgehen, die das Land im Mittelalter jahrhundertelang beherrschten. Mit den ersten europäischen Siedlern kamen sie auch auf die Kanaren. Ein Esel oder Kamel musste mit verbundenen Augen im Kreis gehen, um das Schöpfrad in Bewegung zu setzen. So konnte das Grundwasser aus mehreren Metern Tiefe ans Tageslicht und auf die Felder gebracht werden.

■ Plaza Nuestra Señora de Regla

Parken

Die wenigen Parklücken im unmittelbaren Zentrum bei der **Iglesia Nuestra Señora de Regla** sind rar und kostenpflichtig (blaue Zone, Parkautomat, maximal 30 Min. erlaubt). Besser fährt man gleich auf der FV-30 zum Ortsausgang Richtung Betancuria, wo sich in der Calle Verodes ein großer, **gebührenfreier Parkplatz** befindet (5 Min. Fußweg zum Zentrum).

Gefällt Ihnen das?

Wer die »Aztekenkunst« an der Kirche von Pájara mag, schaut vielleicht auch in La Oliva vorbei, wo die **Casa del Capellán** (S. 43) ähnliche Steinmetzverzierungen erhielt. Ebenfalls von lateinamerikanischer Kunst inspiriert entstanden die Tier- und Pflanzenmotive am Altar der **Pfarrkirche in Tetir** (S. 48). Reiche Holzschnitzkunst modernen Ursprungs zeigt hingegen das Portal der **Ermita de Santa Inés** (S. 80).

Restaurants

€ | Guayarmina Das populäre Lokal bietet einen schmalen Innenraum mit Theke und Spielautomat sowie eine rustikal dekorierte Terrasse mit Blick ins Grüne. Serviert werden sowohl deftige Gerichte als auch Salate, Snacks (Hamburger, Sandwiches) und Kuchen. ■ Calle Nuestra Señora de Regla 11, Tel. 636 78 77 40, Mo–Fr 6–22.30, Sa, So 7–22.30 Uhr

€ | La Fonda Mittags kehren in dem rustikalen Lokal bei der Kirche die Mitarbeiter des gegenüberliegenden Rathauses ein. Auf der Terrasse vor dem Haus sitzt es sich nett mit Blick auf das Geschehen. ■ Calle Mazacote 23, Tel. 928 16 14 71, Di–Sa 11–22 Uhr

30 Ajuy

Typisches Fischerdorf, alter Kalkausfuhrhafen, Grotten in der Steilküste

Mit seinen eckigen Straßenzügen und den würfelförmigen Flachdachbauten wirkt Ajuy eher unscheinbar. Aber gerade das macht die unverfälschte kanarische Atmosphäre aus. Am Wochenende und in den Ferienzeiten beleben sich die Häuser, die hier und da durch bunte Wandfarbe aufgepeppt wurden. Bei ruhiger See fahren die Männer in kleinen, offenen Booten zum Fischen hinaus. Anschließend ziehen sie ihre kleinen, offenen Boote an die dunkelsandige Playa de los Muertos (Strand der Toten). Der gruselige Name erinnert an die Piratenüberfälle früherer Zeiten. Im Sommer ist der Strand bewacht (Beflaggung beachten!). Die

Von der Brandung ausgewaschen: die bizarren Felsen der Caleta Negra

Touristen, die als Tagesbesucher herkommen, interessieren sich vor allem für einen Spaziergang zu den Sehenswürdigkeiten der angrenzenden Steilküste, bevor sie anschließend in einem von mehreren Lokalen im Ort einkehren.

Sehenswert

Cuevas de Ajuy

| Höhlen |

19 *Zwei geheimnisvolle Grotten in der Felsküste*

Vom Nordrand der Playa de los Muertos führt ein viel begangener Fußweg zunächst zum Mirador de Ajuy. Der auf mehreren Terrassen angelegte Aussichtspunkt ermöglicht es, von oben und von unten in zwei alte Kalkbrennöfen zu schauen. Der Kalkstein von Ajuy, der als helles Band an der Steilküste austritt, wurde früher wegen seiner Reinheit auf den anderen Kanareninseln gern zum Anstreichen der Häuser verwendet. Er besteht aus den Schalen von Muscheln und Meeresschnecken, die einst am Strand abgelagert und später tektonisch gehoben wurden. Nach dem Brennen wurde der Kalk vom Puerto de la Peña, einer inzwischen von der Brandung zerstörten Kaianlage unterhalb des Miradors, verschifft. Weiter führt der Weg zur Caleta Negra, der »schwarzen Bucht«, in der die Kalkschicht sich allmählich im dunklen Vulkangestein verliert. Dort steigt man steile Stufen zu den Cuevas de Ajuy hinab, zwei Höhlen in der Brandungszone, in denen früher Waren gelagert wurden. In der vorderen Höhle tummeln sich zahlreiche Felstauben. Über groben Gesteinsschutt kann man wenige Meter hineinklettern, bis zu einem »Fenster«, das sich direkt zum Atlantik öffnet. Auch in der zweiten Höhle, die breit und mit Sandboden beginnt, ist die Erkun-

ADAC Mittendrin

Von Touristen weniger besucht, da abseits vom Strand gelegen, ist das familiär geführte Restaurant **Café del Mar**, das die Einheimischen noch unter dem Namen Casa Pepín kennen. Hier kehren viele Inselbewohner ein und lassen sich die Hausmannskost schmecken, speziell Fisch und Meeresfrüchte begleitet von kanarischen Schrumpelkartoffeln, wenngleich sich das Lokal kürzlich durch moderne Dekoration und neuen Namen dem Zeitgeist angepasst hat. *€ | Calle Puerto Azul 4, Tel. 622 19 52 82, Mo, Mi–Fr 12.30–17, Sa, So 13–17 Uhr*

dungstour im darauf folgenden kurzen Stollen schnell zu Ende.

■ 500 m nördl. der Playa de los Muertos, frei zugänglich

Parken

Der Erdparkplatz hinter dem Strand füllt sich am Vormittag schnell. Wer später eintrifft, parkt am besten auf dem großen Parkplatz an der Ortseinfahrt (5 Min. Fußweg zum Meer). Beide Plätze sind gebührenfrei.

Restaurants

€ | Jaula de Oro Direkt am Strand gelegenes, einfaches Lokal mit stets gut besuchter Sonnenterrasse. Es gibt ein wechselndes Angebot an Tapas und Fischgerichten. ■ Avenida de los Barqueros, Tel. 928 16 15 94, Di–So 9.45–17.45 Uhr

€€ | Cuevas de Ajuy Beliebtes Ausflugsrestaurant mit Strandblick, am Wochenende viele einheimische Gäste. Der Schwerpunkt liegt wie überall im Ort auf Fisch. ■ Calle Gallegada 10, Tel. 928 16 17 20, Mi–Mo 9–18 Uhr

Cafés

Puesta de Sol Hoch über dem Strand liegt das nette Lokal, in dem es nicht nur Kaffee, sondern auch eine gute Teeauswahl und überdies kleine Kunstausstellungen gibt. Schöner Ausblick, speziell wenn abends die Sonne im Meer versinkt. ■ Calle Marinero 15, Mo 10.30–20.30, Di–Fr 12–20 Uhr

Einkaufen

Trece Peces Ambitionierter Souvenirladen, der Besonderheiten wie Olivenöl von Fuerteventura oder Bananenwein von Teneriffa bereithält. ■ Calle Gallegada 7, trecepecesfuerteventura.com, Mo–Fr 10.30–18.30, Sa 10.30–16 Uhr

In der Umgebung

Barranco de la Madre del Agua

| Palmental |

Dieser idyllische Fleck ist zu Fuß über eine 400 m lange Piste zu erreichen, die an der FV-621 zwischen Km 1 und Km 2 beginnt und talaufwärts führt. Dann geht es links zur Mündung einer Seitenschlucht, wo ein Palmenhain mit Schilfdickicht gedeiht. Aus einem Quelltopf, der Madre del Agua, sickert Wasser, das den üppigen Bewuchs ermöglicht. Früher wurde es von den Landwirten in Kanäle und Sammelbecken geleitet, deren Reste noch zu erkennen sind. Auch Frösche und zahlreiche Singvögel fühlen sich in der Oase wohl.

■ 3 km östl. von Ajuy, nahe FV-621

31 El Cardón

Abgelegenes Dorf mit Kartoffelanbau und einem interessanten Hausberg

Der winzige Ort selbst ist unspektakulär. Seine rund 150 Bewohner leben vom Kartoffelanbau und der Ziegen- und Schafhaltung. Unmittelbar westlich der Siedlung erhebt sich die unter Naturschutz gestellte Montaña Cardón (690 m), ein mächtiger Felsblock mit steilen Flanken, der den Altkanariern als heilig galt. Sie verehrten dort den Riesen Mahan, einen heldenhaften Krieger, von dem die Legende bis heute behauptet, sein Grab befände sich in dem Berg.

Kinder

Karting Ocios del Sur Kinder können schon ab einem Alter von 5 Jahren loslegen. Für sie gibt es eine eigene, 500 m lange Rennstrecke. Die Eltern können das Geschehen von einem Café aus beobachten oder selbst in den Kart steigen. Die 1,5 km lange Strecke für Erwachsene zeichnet sich durch einen raschen Wechsel zwischen geraden Abschnitten, auf denen rasant gefahren werden kann, und engen Kurven aus. Erwachsene 10 Min. 20 €, Kinder und Jugendliche 10–15 €. ■ FV-618, ca. 2 km südl. von El Cardón, Finca El Matorral, Tel. 620 50 43 99, tgl. 11–19 (Hochsommer bis 20) Uhr

Wandern

Ziel dieser schönen Wanderung (mittelschwer, mit Rückweg 2 Std.) ist die **Pilgerkapelle Ermita Virgen de El Tanquito**. Der gut ausgebaute, ausgeschilderte Pilgerweg beginnt bei einem Erdparkplatz an der FV-618, etwa 2 km

Winzig wie das gesamte Dorf El Cardón ist auch sein strahlend weißes Kirchlein

Den »Inselherren«, den Ziegen, wurde am Mirador Astronómico ein Denkmal gesetzt

nördl. von El Cardón. Hier, an der Montaña Cardón, soll zu Beginn des 20. Jh. bei Grabungsarbeiten für einen Wasserstollen eine Marienfigur gefunden worden sein. Ihr zu Ehren wurde daraufhin in 497 m Höhe an einer Gesteinswand unterhalb des Gipfels die kleine Kapelle errichtet.

ADAC Wussten Sie schon?

Wer an abgeschiedenen Orten Fuerteventuras in den Sternenhimmel blickt, ist überwältigt von so viel Schönheit und Klarheit. Zu verdanken sind diese Verhältnisse der geringen Licht- und Luftverschmutzung. Damit dies so bleibt, wurde die gesamte Insel wegen ihres makellosen Nachthimmels von der UNESCO 2015 zum **Sternenlicht-Reservat** erklärt.

In der Umgebung

Mirador Astronómico de Sicasumbre

| Aussichtspunkt |

Vom Parkplatz an der Bergstraße führt ein Lehrpfad in 5 bis 10 Min. zum Mirador hinauf, der Interessierte zur Sternenbeobachtung einlädt. Unterwegs wird manches Wissenswerte zum Himmel über Fuerteventura vermittelt, der wegen der geringen »Lichtverschmutzung« auf der dünn besiedelten Insel als besonders sternenklar gilt. Über 15 000 Sterne sollen zu sehen sein. Oben auf der Plattform befindet sich ein Fernrohr, mit dem man nicht nur nachts den Blick nach oben richten, sondern auch tagsüber die grandiose Aussicht auf die umliegenden Berge und nach Süden zur Halbinsel Jandía genießen kann.

■ FV-605 Pájara-La Pared, Km 12

Übernachten

In Fuerteventuras Bergland sind die Übernachtungsmöglichkeiten eher dünn gesät. Ruhige Ferienwohnungen liegen oberhalb der Westküste bei Valle de Santa Inés. Sie sind nur über eine Straße zu erreichen, die dort endet. Ansonsten bieten sich zwei kleine, feine Hotels in Betancuria als gemütliche Unterkünfte an.

Valle de Santa Inés 80

€ | Aguas Verdes Die Anlage liegt äußerst abgeschieden in Strandnähe. Mit Ferienwohnungen für Selbstversorger (bis zu vier Personen). Eine davon wird unter dem Namen Casa de los Bucaneros über ww.airbnb.de und www.booking.com vermietet. Es gibt zwei Schlafzimmer mit jeweils zwei Betten sowie einer Terrasse. Rundherum ein weitläufiger Garten mit Pools, Tennisplätzen und Squashcourts zur freien Nutzung. Es gibt keinen Handy-Empfang: kurzum, eine Oase der Ruhe. Dank schnellen WLANs aber auch für digitale Nomaden attraktiv. ■ Playa de Santa Inés, Urb. Aguas Verdes

Betancuria 82

€ | Casa Princess Arminda Das rund 600 Jahre alte Stadthaus im Zentrum von Betancuria wurde liebevoll restauriert. Vier rustikal ausgestattete Zimmer mit alten Steinböden und typischen Elementen im kanarischen Stil stehen zur Vermietung. In den verwinkelten, üppig mit Blumen geschmückten Innenhöfen finden sich lauschige Sitzplätze. Besonders schön ist der Patio auf dem Dach, von dem man über den Ort blickt. Wenn abends die letzten Tagesbesucher abgereist sind, kehrt wohltuende Ruhe ein. Mit eigenem Restaurant (S. 86). Wander- und Radwege in der Umgebung. Zu buchen über verschiedene Internet-Anbieter. Fotos z. B. unter www.hotelmania.net. ■ Calle Juan de Bethencourt 2, Tel. 928 87 89 79

€€ | Santa María Luxury Rooms Fünf stilvoll eingerichtete Räume in einer idyllischen Anlage am oberen Ortsrand von Betancuria. Alle mit großzügigen Doppelbetten (zwei Matratzen), möblierter Terrasse, Zentralheizung und Klimaanlage. Die beiden Junior Suiten bieten noch etwas mehr Platz als die ohnehin schon geräumigen Zimmer. Das Haus ist ein Ableger der Casa Santa María (S. 84) und des angeschlossenen Restaurants S. 87). ■ Calle Garachico, Tel. 604 13 19 39, www.santamarialuxuryrooms.net

Pájara 91

€€ | Casa Isaítas Am ruhigen Ortsrand und doch recht zentral gelegen ist dieses Gästehaus in einem ehemals herrschaftlichen Gutsgebäude untergebracht, das sorgfältig und geschmackvoll renoviert wurde. Die vier Zimmer sind in schlichtem, bäuerlichem Stil eingerichtet. Ein hübscher Patio lädt zum Verweilen ein. Empfehlenswertes Restaurant (traditionelle Küche, S. 92). ■ Calle Guize 7, Tel. 928 16 14 02, www.casaisaitas.com

Die Halbinsel Jandía im Süden

Zwischen grandiosen Sandstränden und einem steilen Bergrücken liegen Fuerteventuras wichtigste Ferienzentren

Die meisten Inselurlauber zieht es auf die langgestreckte Halbinsel Jandía, die zu beiden Seiten von schier endlos langen, goldgelben Stränden und dazwischen einem kargen Gebirge geprägt ist. An den geschützteren Playas der Südseite liegen der familien- und surferfreundliche Ferienort Costa Blanca, die vorwiegend aus sportorientierten Clubanlagen bestehende Feriensiedlung Esquinzo und der alte Fischerort Morro Jable mit der großen Hotelzone Jandía Playa. Dazwischen erstrecken sich zwei völlig naturbelassene Bereiche: die Lagunenlandschaft der Playa Barca und die zwei Riesendünen von Risco del Paso. Bis auf zwei winzige Fischersiedlungen ganz einsam und nur über Pisten zu erreichen sind Westen und Norden Jandías. Die dortigen Strände eignen sich wegen der starken Brandung nicht zum Baden, wohl aber für ausgedehnte Spaziergänge.

In diesem Kapitel:

ADAC Top Tipps:

9 Risco del Paso
| Küstenlandschaft |

Zwei riesige Dünen prägen diesen Küstenabschnitt. Vorgelagert sind Salzwiesen und eine Lagune, auf der Drachensurfer ihre Bahnen ziehen. Der zugehörige Strand ist ein Rückzugsgebiet für Sonnenanbeter. 104

10 Playa de Cofete
| Strand |

Zum Baden ist die Nordküste der Halbinsel Jandía wegen der starken Brandung ziemlich ungeeignet. Stattdessen bieten sich kilometerlange Spaziergänge entlang des völlig naturbelassenen, häufig windumtosten Strandes an. 117

ADAC Empfehlungen:

(20) Caretta Beach, La Pared
| Restaurant |
Auf der weitläufigen Terrasse des Lokals über den Klippen treffen sich Touristen und Einheimische. 100

(21) Istmo de La Pared
| Landschaft |
Als Wüstenstreifen erstreckt sich die flache, von Flugsand bedeckte Landenge am Beginn der Halbinsel Jandía. 104

(22) Marabú, Esquinzo
| Restaurant |
Seit vielen Jahren hält dieses beliebte Gartenlokal ein erstaunliches kulinarisches Niveau. 105

(23) La Cofradía, Morro Jable
| Restaurant |
Vom Boot direkt in die Küche wandert der frische Fang in dem von der örtlichen Fischereigenossenschaft betriebenen Lokal. 112

(24) R2 Maryvent Beach, La Pared
| Hotel |
Individuellen Aufenthalt verspricht diese Anlage am Strand. 119

(25) Marina Playa Suites, Esquinzo
| Hotel |
Fernab vom Trubel bietet das Hotel Wellness, gediegene Küche und eine grandiose Atlantikterrasse. 119

32 La Pared

Ruhige Feriensiedlung mit einem Strand, der bei Wellenreitern beliebt ist

Eine breite Palmenallee führt in den erst wenige Jahrzehnte alten, beschaulichen Villenort. Der oft kräftige Wellengang lockt Bodysurfer an die Strände von La Pared. Die hellsandige, naturbelassene Playa del Viejo Rey ist vom Parkplatz am Westrand des Ortes über einen staubigen Weg nach 500 m erreicht. Weiter nördlich beim Restaurant Caretta Beach (s. u.) befindet sich die kleinere Sandbucht Playa de La Pared. Hier wie dort ist beim Baden Vorsicht geboten. Am ruhigsten ist das Meer bei Passatwind aus Nordosten. Es gibt nur ein Hotel in La Pared, dieses ist sehr sportorientiert.

Restaurants

20 **€€ | Caretta Beach** Am Wochenende finden sich hier gerne Familien zum Speisen ein. Tapas, Salate und Burger, dazu großartiger Meerblick, speziell am Abend, wenn die Sonne wie ein glühender Ball im Meer versinkt. Die großzügige Terrasse reicht bis in die Klippen. ■ Playas de La Pared, Tel. 671 36 07 41, Fr–Di 14–22 Uhr

Cafés

Café Bar Plan B Hier treffen sich alle, die in La Pared vorbeischauen. Das Lokal mit der kleinen, windgeschützten Terrasse ist für guten Kaffee und selbst gebackenen Kuchen bekannt. Am späteren Nachmittag perfekt für einen gepflegten Drink. ■ Avenida del Istmo 8, Tel. 928 54 91 00, tgl. 9.30–18 Uhr

Kinder

Rancho Barranco de los Caballos Deutschsprachiger Reitbetrieb mit andalusischen Pferden. Für Kinder wird ein Reiten am Führstrick der Eltern angeboten (10 Min., 10 €). ■ Puerto Nuevo, FV-605 Richtung Pájara Km 20, Tel. 928 17 41 51, www.reiten-fuerte.de

Erlebnisse

Enduro-Guru Frank Müncheberg bietet Offroad-Touren mit Yamaha-Motorrädern sowohl für ungeübte als auch für versierte Geländefahrer an. Etwa die Endurowanderung für Einsteiger oder Fortgeschrittene (4 Std. ab 179 €). ■ Calle Tres Piedras 18, Tel. 669 79 71 62, www.enduro-guro.com

Sport

Adrenalin Wellenreiterbasis mit Schulung. Schon nach einem Tag beherrschen Anfänger beim Bodysurfen das Brett, besser sind natürlich fünf Kurstage (55 bzw. 225 €). 80 % der Zeit wird auf dem Wasser verbracht. Ganzjährig. ■ Valle Ancho 12, Tel. 661 93 64 84 (auch WhatsApp), www.adrenalinsurfschool.com

33 Costa Calma

Einer der größeren Ferienorte mit breitem Strand, familienfreundlich

Einen alten Ortskern wird man hier nicht finden. Costa Calma ist eine reine Urlaubersiedlung. Hinter der breiten, von Dünen gesäumten Playa de Costa Calma und der etwas kleineren Playa Cañada del Río erstrecken sich Hotel- und Clubanlagen. Dann folgt ein parkartiger Grüngürtel aus Palmen, der seine Existenz der Bewässerung mit dem geklärten Abwasser der Siedlung verdankt. Ihn durchziehen Wege für Spaziergänger, Walker und Jogger sowie die mäßig befahrene zentrale Straße. Jenseits des Grüngürtels erstrecken sich weitere Bungalowanlagen, deren Bewohner einen etwas weiteren Weg zum Strand in Kauf nehmen müssen. Das gesellige Leben spielt sich vor allem in mehreren über den Ort verteilten, kleinen Einkaufszentren ab. Sie beherbergen außer Geschäften auch hübsche Cafés, Restaurants und Kneipen. Abends werden die Bürgersteige früh hochgeklappt.

Sehenswert

Playa Barca

| Lagunenstrand |

Vom südlichen Ortsrand läuft man am Strand entlang rund 1 km bis zu einer langgestreckten Lagune mit der vorgelagerten Playa Barca. Die dortige Bebauung besteht lediglich aus zwei Hotels und einer Surfstation. Wer hier sein Badelaken ausbreitet oder sich in eine der windgeschützten Strandburgen zurückzieht, sieht Wind- und Kitesurfer vorbeiflitzen. Anfänger üben im glatten Wasser der Lagune, Profis wagen sich aufs offene Meer hinaus.

Verkehrsmittel

Bus: Verbindungen nach Morro Jable und Puerto del Rosario halbstdl. bis stdl. (Linie 1), 2–4 x tgl. (Linie 10), nach Morro Jable außerdem stdl. (Linie 5). Busbahnhof (Estación de Guaguas) am nördlichen Ortsrand in der Calle Playa de la Jaqueta (10–15 Min. Fußweg von den Hotels im östlichen Ortsteil Cañada del Río). Weitere Haltestelle am Kreisverkehr an der Ortsausfahrt Richtung Morro Jable (ca. 10 Min. Fußweg von den Hotels im westlichen Ortsteil Bahía Calma).

Ein schöner Fleck zum süßen Nichtstun: Costa Calma auf der Halbinsel Jandía

ADAC Spartipp

Benzin ist auf den Kanaren dank Steuerfreiheit etwa 0,30–0,40 €/l **preisgünstiger** zu haben als in Deutschland oder Österreich. Allerdings sollte man, sofern im Mietwagenvertrag die meist übliche Voll-Voll-Regelung festgehalten ist, den Wagen auch auf jeden Fall vollgetankt abgeben. Andernfalls stellen die Vermieter einen erhöhten Benzinpreis in Rechnung.

Parken

In dem weitläufigen Ort ist Parken normalerweise unproblematisch. Viele gebührenfreie Lücken gibt es z. B. entlang der Calle L.T.U. oder der Calle Barranco de las Damas, die beide zum Strand führen. Soweit die Hotels über Gästeparkplätze verfügen, sind diese in der Regel kostenlos.

Restaurants

€€ | **San Borondón** Hierher kommt man wegen der Stimmung. Fast jeden Abend gibt es Livemusik. Zum Bier schmecken deftige, inseltypische Hauptgerichte oder Tapas. ■ Calle L.T.U., Centro Comercial Sotavento, Tel. 928547100, Mo–Sa 13–24 Uhr

€€ | **Tasca Dos Jotas** Das nette Lokal firmiert zugleich als Weinkeller. Riesige Schinken hängen von der Decke. Aufgetischt wird authentische spanische Küche, in der Fleisch und Stockfisch die Hauptrollen spielen. ■ Centro Comercial El Palmeral, Tel. 928875106, Di–Sa 16–23 Uhr

€€ | **Terraza del Gato** Hier wird wirklich kanarisch gekocht, mit frischen lokalen Zutaten. Gegrillter Fisch, Fleischgerichte, gute Weinauswahl, großzügig gestaltete Terrasse. ■ Calle Sicasumbre 2, Tel. 928584756, tgl. 12–23 Uhr

Wenn Surfer mal nicht gerade Wellen reiten, dann relaxen sie im Bistro Fuerte Action

Cafés

Café Berlin Bekannte Konditorei mit deutschem Kuchen und deutschem Brot, alles frisch hergestellt. Dazu eine einladende, gemütlich möblierte Aussichtsterrasse. ■ Calle Sicasumbre 24, Tel. 928 87 53 69, Di–Sa 8–14 Uhr

Einkaufen

Mercadillo de Costa Calma Bunter Souvenirmarkt. Unter jeder Menge Modeschmuck, Ledertaschen, afrikanischen Holzschnitzereien und dergleichen lässt sich bestimmt das eine oder andere nette Teil entdecken. Handeln ist angesagt! ■ Avenida Hapag Lloyd, Mi und So 9–14 Uhr

Kneipen, Bars und Clubs

B-Side Café Fast jeden Abend Livemusik, anschließend wird oft zu DJ-Musik getanzt bis zum frühen Morgen. Wer mag, kann vorher einen Happen essen (italienische Küche) oder einen Sundowner mit Meerblick nehmen. ■ Calle Punta del Viento, Tel. 928 87 64 67, Mo–Do 13–1, Fr 13–2.20, Sa 13–23 Uhr

Fuerte Action Die kultige Bar bietet Bistro-Küche, Kaffee, Eis, Après-Surf-Drinks und nebenan einen gut sortierten Shop für Surfmode. Nicht nur bei Surfern von morgens bis abends beliebt. ■ Centro Comercial El Palmeral, Tel. 928 87 51 26, tgl. 8.30–24 Uhr

Erlebnisse

Xtreme Car Rental Geführte Touren im Buggy oder Quad durch die karge Landschaft ringsum versprechen Fahrspaß. Die Premium Buggy Tour dauert 3,5 Std. und führt auf 60 km vorwiegend über Pisten. Es wird nicht mit den üblichen Buggys gefahren, sondern mit besonders leistungsfähigen Fahrzeugen mit hoher Bodenfreiheit. ■ Calle L. T. U. 3, Tel. 928 87 56 30, www.xtreme-car-rental.com, Buggy: pro Fahrzeug 139 € für 1–2 Personen, Frühbucher erhalten 5 % Rabatt

Sport

Acuarios Jandía In der familiären, deutschsprachigen Basis wird in kleinen Gruppen getaucht, von Land oder vom Boot aus. Schnuppertauchen ohne ärztliches Attest, Ausbildung, Bubble-

Wanderdünen von Istmo de La Pared: ein Refugium für Flora und Fauna

maker für Kinder ab 8 Jahre, Schnorchelausflüge. ■ Sotavento Beach Club, Tel. 928 87 60 69, www.acuarios-jandia.de, Schnuppertauchen 95 €

René Egli Größte Wind- und Kitesurfstation der Welt, die der Schweizer René Egli seit 1984 aufgebaut hat. Schulung in Kleingruppen oder Privatunterricht. ■ Playa Barca, Tel. 928 54 74 83, www.rene-egli.com, Schnupperkurs 2 Std. inkl. Material ab 65 €

In der Umgebung

Istmo de La Pared

| Landschaft |

21 *Stürmische Landenge, von Flugsand bedeckt, karge Vegetation*

An der Nahtstelle zwischen dem Hauptteil Fuerteventuras und der Halbinsel Jandía fühlt man sich in die Sahara versetzt. So weit das Auge blickt, dehnen sich wellige Flugsandfelder aus, die vom Wind ständig in Bewegung gehalten werden. Nach winterlichen Regenfällen sprießt eine blütenreiche, winzig kleine Flora in dieser Wüste. Von Costa Calma führt ein Fußweg quer durch den Isthmus bis zur Nordküste. Man verlässt Costa Calma auf der Calle Playa de la Jaqueta, hält sich vor der Autobahn rechts, geht durch eine Unterführung und auf der anderen Seite wieder links. In der Verlängerung der Calle Playa de la Jaqueta läuft man dann nordwärts bis zur kleinen Bucht von Agua Liques, wo man der Brandung zuschauen kann (mit Rückweg 3 Std., einfach). Achtung: Die putzigen Erdhörnchen bitte nicht füttern, das ist aus Naturschutzgründen verboten.

34 Risco del Paso

9 *Zwei Riesendünen locken am Strand*

Der Küstenabschnitt bei der winzigen Ferienhaussiedlung Risco del Paso darf nicht weiter bebaut werden. Zwei gewaltige Dünen beherrschen die Szenerie. Beim Erklimmen der Sandberge setzt man zwei Schritte vor und einen zurück. Am Strand machen es sich Individualisten gemütlich, um in Ruhe dem bunten Treiben der Wind- und Kitesurfer zuzuschauen. Nebenan erstreckt sich eine Salzwiese mit eigentümlicher Flora.

Sport

Ion Club Gut ausgerüstete Station für Wind- und Kitesurfing, Shuttleservice von den Hotelzonen der Halbinsel

Jandía. ■ Risco del Paso, Tel. 667 79 66 88, www.ion-club.net/risco-del-paso

35 Esquinzo

Retortensiedlung mit schönem Strand und ausgedehnten Ferienanlagen

Das große Plus dieses reinen Urlauberorts (ausgeschildert als Butihondo) ist der lange, goldgelbe, von Klippen gesäumte Sandstrand. Dort genießt man selbst im Winter den warmen Sand oder gönnt sich einen kühlen Drink in einer Beach Bar. Erst oberhalb der Felswand erstrecken sich auf einer schräg ansteigenden Fläche die riesigen, in Flachbauweise gehaltenen Ferienanlagen. Jede davon ist eine Welt für sich mit Poollandschaften, Palmengärten, Sport- und Wellnesseinrichtungen, Gastronomie und Ladenzeilen. Außerhalb der Hotels und Clubs existiert kaum eine touristische Infrastruktur, am ehesten noch im nördlichen Ortsteil, wo auch ein paar kleinere Apartmentanlagen und private Ferienhäuser stehen.

Verkehrsmittel

Bus: Linie 5, die ca. zwischen 8 und 15 Uhr stündlich zwischen Morro Jable und Costa Calma pendelt, hält am riesigen Kreisverkehr mit dem Mercadona-Supermarkt in der Mitte. An Markttagen (Mo und Do) ist der Bus Richtung Morro Jable oft überfüllt, nicht immer wird man dann mitgenommen.

Restaurants

€€ | Caretta Beach Butihondo Einer der schönsten Strandclubs auf Fuerteventura. Hier munden in lockerer Atmosphäre fangfrischer Fisch und Meeresfrüchte. Alles wird auf kanarische Art zubereitet. Das Lokal eignet sich auch gut für einen Drink. Von Kaffeespezialitäten über Bier, Softdrinks, Wein, Sangría und verschiedene Cocktails ist hier alles zu haben. ■ Calle Aulaga 23, Tel. 609 09 99 57, Di, Fr–So 11–19 Uhr

22 **€€€ | Marabú** Seit Jahren ein bewährtes, niveauvolles Gartenlokal. Die Küche verfeinert kanarische Rezepte und verwendet frische Inselprodukte. Auch alle Desserts werden von Hand gefertigt. Bemerkenswert ist die Weinauswahl, aber es ist nicht verpönt, ein kühles Bier zum Essen zu bestellen. ■ Calle Fuente de Hija 2, Tel. 928 54 40 98, www.e-marabu.com, Di–Sa 13–23 Uhr

Kneipen, Bars und Clubs

Bar Safari Terrassenbar mit guten Cocktails und familiärer Atmosphäre, oft Livemusik. Hier finden sich vor allem deutsche und britische Urlauber ein. ■ Calle Volcán de Vayuyo, Tel. 928 54 40 30, www.barsafari.com, Mo, Di 16–24, Mi–So 9–24 Uhr

Sport

Matchpoint Sports Der deutschsprachige Sportdienstleister betreut die Tennisplätze verschiedener Hotels in Esquinzo, Las Playitas, Costa Calma und Morro Jable und bietet dort Kurse in verschiedenen Leistungsstufen an. Auch die zugehörige Schwimmschule Sharky ist in mehreren Hotels vertreten. ■ Hotel Fuerteventura Princess, Calle Gran Canaria 13, Tel. 928 54 43 07, www.matchpoint-world.de

36 Morro Jable

Alter Fischerort mit Hotelviertel am langgezogenen Strand

Morro Jable, von der Natur großzügig mit langen goldenen Stränden ausgestattet

Information

- Oficina de Turismo, Avenida del Saladar, Cosmo Shopping Center Local 161, Tel. 928 54 07 76
- Parken: siehe S. 111

Der Fischerort existierte schon, bevor auf der Halbinsel Jandía die touristische Entwicklung einsetzte. Bis heute konnte er sich eine gewisse Authentizität bewahren, wenn auch der alte, zentral gelegene Hafen durch Sandaufschüttung in einen schmalen Strand verwandelt wurde, an dessen Promenade sich Restaurants und Cafés reihen. Landeinwärts schließen schmale Straßenzüge an, gesäumt von funktionalen, würfelförmigen Flachdachhäusern. In ihnen verbergen sich einfache Kneipen und Geschäfte für den täglichen Bedarf. Westlich von Morro Jable entstand ein neuer Hafen für Fischerboote, Jachten und Fährschiffe. Knapp 8000 Menschen leben ständig im Ort. Viele von ihnen sind im unmittelbar östlich angrenzenden Hotelviertel Jandía Playa beschäftigt, das sich über mehrere Kilometer hinweg hinter dem breiten Dünenstrand Playa del Matorral erstreckt. Dieser blieb großenteils unbebaut, nur wenige Hotels in seinem Westteil bieten unmittelbaren Strandzugang. Ansons-

Plan
S. 113

ten steht der Bereich hinter der Playa, den die Salzwiese Saladar de Jandía einnimmt, unter Naturschutz. Dahinter verläuft die Durchgangsstraße Avenida del Saladar, eine großzügige Allee mit breitem Fuß- und Radweg an der Meerseite, den auch Walker und Jogger gerne nutzen. An ihrer Landseite erheben sich weitere Hotels, Apartmentanlagen und mehrere Einkaufszentren mit Restaurants und Kneipen. Obwohl Jandía Playa zu den größten Feriensiedlungen der Insel zählt, gilt es als relativ ruhig. Ein Nachtleben findet außerhalb der Hotels kaum statt. Die Urlauber vertreiben sich die Zeit am Strand und beim Sport.

Ein erster Hafen wurde hier unter dem Namen Puerto de Muelas Anfang des 18. Jh. in einem Dokument erwähnt, das die Verschiffung einer Ladung Weizen nach Tarajalejo beschreibt. Zur eigentlichen Ortsgründung kam es aber erst Ende des 19. Jh., als sich ein gewisser Cirilo López Umpiérrez, Rückkehrer aus dem kubanischen Unabhängigkeitskrieg (1895–1898), an der Mündung des Barranco del Ciervo niederließ. Ein zweites Wohnhaus wurde 1919 errichtet. Rasch folgten nun weitere Siedler, vorwiegend Bauern, Hirten und Fischer aus Cofete, die den Norden der Halbinsel wegen fortschreitender Austrocknung verließen (S. 117). 1966 errichteten deutsche Investoren das erste Urlauberhotel in Morro Jable. In der Folgezeit kam es zu einer enormen touristischen Entwicklung auf der Halbinsel Jandía. Mit etwa 40 000 Gästebetten in Costa Calma, Esquinzo und Jandía Playa rangiert diese Region mit deutlichem Abstand vor Corralejo und Caleta de Fuste.

Sehenswert

1 Plaza Pescadores

| Platz |

Die Gemeinde Pájara, deren Gebiet die gesamte Halbinsel Jandía umfasst, möchte hinsichtlich der Förderung von Kunst und Kultur nicht hinter Puerto del Rosario zurückstehen. So wurde eine »Ruta de las Esculturas« (Skulpturenroute) ins Leben gerufen, zu der die Plastik »Homenaje a los pescadores« auf dem zentralen Platz von Morro Jable zählt. Rafael Gómez González schuf die Gruppe aus drei Bronzefiguren 2007, wobei ihm drei Fischer aus dem Ort, die drei Generationen repräsentieren, Modell standen. Nebenan treffen sich die Einheimischen gerne an den Tischen vor der Bar Punto de Encuentro auf einen Kaffee.

2 Puerto de Morro Jable

| Hafen |

Die Hafenanlage aus den 1980er-Jahren wirkt fast schon überdimensioniert für die Zahl der Fischerboote, Jachten und Ausflugsboote, die darin liegen. An der Außenmole legen die Autofähren von und nach Gran Canaria an. Ein Besuch lohnt auch dann, wenn man nicht in See stechen möchte. Hier findet das authentische Leben statt, es bieten sich jede Menge Fotomotive, und es winkt die Einkehr in einem urgemütlichen Restaurant (S. 112) oder in der umtriebigen Cafeteria des Hafenterminals.

3 Tortugas Marinas

| Schildkrötenstation |

In Salzwasserwannen am Nordrand des Hafenbeckens schwimmen Meeresschildkröten. Es handelt sich um Tiere, die von Strandbesuchern und Fischern krank oder mit Verletzungen aufgefunden wurden und hier gepflegt werden, bis sie wieder freigelassen werden können.

■ Puerto de Morro Jable, Mo–Fr 10–13 Uhr, Eintritt frei

4 Saladar de Jandía

| Salzwiese |

Die größte Salzmarsch Fuerteventuras liegt hinter dem Dünenstrand Playa del Matorral. Seit 2001 steht das wertvolle Feuchtgebiet im Rahmen der internationalen Ramsar-Konvention unter Schutz. Nur bei Springtide, alle zwei Wochen, wird der Wiesenstreifen überflutet. Das nach der Verdunstung zurückbleibende Salz sorgt für extreme Standortverhältnisse, mit denen nur eine hoch spezialisierte Flora zurechtkommt. Häufige Pflanzenarten sind die Strauchige Sode, ein struppiger Halbstrauch, und das Erbsen-Jochblatt. Beide haben sukkulente, also Wasser speichernde Blätter, die sich bei Trockenheit rötlich bis gelb verfärben. Dazwischen sprießt häufig die Gelbe Cistanche, die einer Orchidee ähnelt und von März bis Mai blüht.

■ Avenida del Saladar

5 Cachalote

| Walskelett |

Teil des Wal-Lehrpfads Senda de los Cetáceos (S. 60) ist das riesige Skelett eines Pottwals, das als Mahnmal am Rand des Saladar de Jandía aufgestellt wurde. 2005 strandete das 15 m lange, auf dem Meer verendete Tier bei Matas Blancas nahe Costa Calma.

■ Avenida del Saladar/Calle el Viejo Barco

6 Fobos

| Skulptur |

Das nach dem Marsmond Phobos benannte Windspiel aus galvanisier-

Gefällt Ihnen das?

Wenn Sie die eigenartige Flora des Saladar de Jandía anspricht, dann werden Sie auch am **Puerto de la Torre** bei Las Salinas del Carmen (S. 60) oder bei den **Dünen von Risco del Paso** (S. 104) fündig. Dort liegen etwas kleinere Salzwiesen an den feuchten Mündungen von Barrancos.

tem Eisen mit Bänderkugeln wurde posthum nach einem Entwurf von César Manrique (1919–1992) gefertigt. Es symbolisiert die Großartigkeit der Natur und gilt als Originalwerk, da der Künstler drei Kopien des auf Lanzarote im Dorf Tahiche stehenden, von ihm zu Lebzeiten geschaffenen Mobiles genehmigte.

■ Avenida Saladar/Calle Princesa Ibaya

7 Caminos

| Skulptur |

Ein weiterer Teil der Skulpturenroute ist das »Caminos« (Wege) genannte Werk der kubanischen Künstlerin Lisbet Fernández Ramos von 2007. Roten und schwarzen Lavagrus legte sie zum Symbol Yin und Yang aus. Darauf verteilte sie Kinderfiguren aus Terrakotta in zwei Gruppen, die sich den Rücken

Im Blickpunkt

Schutz der Schildkröten

Früher legte die Unechte Karettschildkröte, die bis zu 1,50 m lang werden kann und damit zu den größten Meeresschildkröten zählt, regelmäßig ihre Eier an Fuerteventuras Sandstränden ab. Schon seit vielen Jahren ist dies nicht mehr der Fall, da die Tiere wegen ihres Fleisches gejagt wurden und anderweitigen Störungen ausgesetzt waren. Um die Art auf der Insel wieder heimisch zu machen, importierten Naturschützer zwischen 2006 und 2010 Schildkröteneier von der Kapverdeninsel Boa Vista, wo die Echte Karettschildkröte eines ihrer größten Vorkommen weltweit hat. Die Eier wurden an der Playa de Cofete ausgebrütet und die Jungtiere anschließend in der Station in Morro Jable aufgezogen, bis sie nach einigen Monaten bis Jahren ausgewildert werden konnten. Zurzeit warten alle darauf, ob die nun erwachsenen Weibchen zurückkehren, um Eier am Ort ihrer Geburt abzulegen.

Plan S. 113

zukehren und zum Himmel schauen. Als Vorbild dienten ihr Kinder aus Pájara wie auch Kinderfotos von Erwachsenen aus der Gemeinde. Einige dem Vandalismus zum Opfer gefallene Figuren wurden inzwischen ersetzt. Die Künstlerin arbeitet jetzt in ihrem eigenen Atelier in Tuineje (www.lisbetfernandez.com).

■ Rotonda Aldiana

Verkehrsmittel

Fähre: Zwischen Morro Jable und Las Palmas de Gran Canaria pendeln Express-Autofähren von Naviera Armas (1 x tgl., www.navieraarmas.com) und Fred. Olsen (4 x tgl., www.fredolsen.es). Die Überfahrt dauert 2 Std., ein Tagesausflug ist also möglich. Hin- und Rückfahrt kosten ohne Auto ab ca. 100 €, Tickets online oder am Hafenschalter.

Bus: Nach Puerto del Rosario über Costa Calma Linie 1 alle 30 Min. bis stdl., Linie 10 (über Flughafen) 2–4 x tgl.; nach Costa Calma verkehrt außerdem die Linie 5 ca. stdl. zum Flughafen 2–4 x tgl.; Linie 111 nach Cofete/El Puertito de la Cruz (siehe ADAC Spartipp, S. 116). Busbahnhof (Estación de Guaguas) am oberen Ortsrand (Calle Cervantes, Fußweg zum Meer ca. 20 Min.); weitere Haltestellen in Jandía Playa entlang der FV-2/Avenida del Saladar.

Von Morro Jable sieht man die Fähre Richtung Gran Canaria auslaufen

Parken

Parken ist im Ortszentrum von Morro Jable zwar durchweg **gebührenfrei**, allerdings sind freie Lücken stets knapp. Auch die beiden großen Parkplätze am westlichen Ufer des **Barranco del Ciervo** (5 bzw. 10 Min. Fußweg) füllen sich tagsüber rasch. Um langes Herumkurven zu vermeiden, bleibt oft keine andere Möglichkeit, als auf dem staubigen Erdstreifen an der FV-2 am **oberen Ortsrand** (etwa oberhalb der Markthalle, 10 Min. Fußweg zum Meer) zu parken. Oder man fährt ins recht zentral gelegene Parkhaus des Eurospar-Supermarkts (Bulevar el Timón, Mo–Sa 8.30–21 Uhr, gegen Gebühr auch ohne Kaufzwang; bei Einkauf bis 20 € 1 Std., über 20 € 3 Std. gratis). Achtung, die Einfahrt ist sehr steil! Am außerhalb gelegenen neuen **Hafen** hingegen ist es meist kein Problem, eine freie Parklücke zu finden. Im Hotelviertel **Jandía Playa** gestaltet sich die Parkplatzsuche wiederum eher schwierig. Der Parkplatz neben dem **Cosmo Shopping Center** kann kostenfrei genutzt werden, außer Mo und Do von 9–14 Uhr, wenn dort der Wochenmarkt abgehalten wird. Entlang der **Avenida del Saladar** reihen sich ebenfalls gebührenfreie Parklücken, die jedoch sehr begehrt sind. Eventuell muss man dann recht weit in die Seitenstraßen ausweichen. Größere Hotels bieten Gästeparkplätze, z. T. gegen Gebühr (ca. 3 € pro Tag).

Restaurants

€ | **La Bodega de Jandía** Im Moment die absolute In-Adresse für Tapas auf spanische Art, von denen eine nette Auswahl bereitgehalten wird. Für den größeren Hunger gibt es auch kleine Hauptgerichte, für Vegetarier ist ebenfalls gesorgt. In der Fußgängerzone des alten Ortskerns gelegen. ■ Calle Diputado Velazquez 4, Tel. 663417973, Mo–Do 18–22.30, So 13.30–15.30 und 18.30–21.30 Uhr, Plan S. 113 a2

€ | **Taberuga** Wenn es zur Abwechslung mal italienische Küche sein soll, ist dies eine empfehlenswerte Adresse. Krosse Pizzen, gute Pasta-Auswahl. Von der Terrasse fällt der Blick auf Leuchtturm und Meer. ■ Avenida del Saladar, Centro Comercial Casa Atlantica, Tel. 699534789, www.taberuga.com, tgl. 13–16 und 18–23 Uhr, Plan S. 113 b2

€€ | **Gourmet Stetson** Kein klassisches Steakhouse, sondern eines der

Kunterbunt wie diese Schals ist das Angebot auf dem Mercadillo de Morro Jable

modernen, klar gestylten Art. Gegrilltes Fleisch, gern vom argentinischen Rind, spielt hier die Hauptrolle. Besonders beliebt sind die Spareribs. ■ Calle Bentejuy 97 (Cosmo Shopping Center), Tel. 626 14 09 58, www.gourmet-stetson.com, Di–Sa 18–23 Uhr, Plan S. 113 b2

23 **€€ | La Cofradía** Frischer gibt es den Fisch vermutlich nirgendwo. Vom Kai, wo ihn die Boote jeden Tag anlanden, sind es nur wenige Meter bis zum Restaurant, das von der Fischereigenossenschaft betrieben wird. Auf der großen Terrasse treffen sich Einheimische ebenso wie Touristen. Um Service und Ambiente wird nicht viel Aufhebens gemacht, dafür stimmen Qualität und Preis. ■ Puerto de Morro Jable, Tel. 928 16 64 47, Di–So 8–16 Uhr, Plan S. 113 a2

€€ | La Farola del Mar Einer der Klassiker am alten Fischerhafen, typisch kanarische Gerichte und Paella. Die Atmosphäre ist mediterran. ■ Avenida del Mar s/n, Tel. 928 16 71 66, www.lafaroladelmar.net, tgl. 13–23 Uhr, Plan S. 113 a2

Cafés

Coco Banana Punktet durch seine Lage am Meer. Der Kaffee ist gut, auch die Auswahl an Kuchen und Eis kann sich sehen lassen. ■ Avenida Tomás Grau Gorrea 2, Tel. 928 16 62 87, tgl. 10–20 Uhr, Plan S. 113 b2

El Refugio Unter den Gästen des kleinen Cafés sind zahlreiche »Majoreros«. Das Lokal ist für seine »churros« bekannt, das bei Spaniern zum Frühstück beliebte Spritzgebäck. Kenner tunken es in die dazubestellte heiße Schokolade. ■ Calle Diputado Manuel Velázquez Cabrera 3, Tel. 928 16 60 71, Mo, Do, Fr 7.30–14 und 17.30–21, Di, Sa, So 7.30–14 Uhr, Plan S. 113 a1

Einkaufen

Mercadillo de Morro Jable Auch wenn sich zahlreiche Touristen durch die engen Gassen zwischen den Ständen schieben, so kaufen hier doch auch die Ortsbewohner günstige Kleidung, Schuhe und Schmuck. Am besten möglichst frühzeitig kommen. ■ Avenida del Saladar/Ecke Calle Bentejuy (neben dem Cosmo Shopping Center), Mo und Do 9–14 Uhr, Plan S. 113 b2

Mercado Municipal Kleine städtische Markthalle, in der regionales Obst und Gemüse, Ziegenkäse, Räucherfisch, Blumen und Gebäck verkauft werden. Mit Cafeteria. ■ Calle Mascona, Mo–Sa 8–16 Uhr, Plan S. 113 a2

Kneipen, Bars und Clubs

Tortuga Bar Bekannteste Anlaufstelle in Jandía Playa für raffiniert zubereitete Cocktails – köstlich: die Mojitos! Im Lounge-Stil mit großartigem Meerblick. Ab Mitternacht tanzt hier die örtliche Szene zu alternativer Musik. ■ Calle Estrella de Mar 2, Centro Comercial Faro (OG), www.facebook.com/tortugafuerteventura, Mi–Sa 19–4.30 Uhr, Plan S. 113 b2

Kinder

Odyssee (Glasbodenboot) Die Unterwasserfauna Fuerteventuras und speziell der Halbinsel Jandía gilt im kanarischen Vergleich als besonders reichhaltig. Durch den Glasboden der Odyssee sind bunte Fischschwärme, Korallen und Seesterne bestens in Augenschein zu nehmen. Auch die Sichtungschancen für Delfine sind exzellent. Nicht selten spielen Dutzende dieser eleganten Tiere um das Boot herum, nicht nur zur Freude der Kinder, sondern auch der Erwachsenen. Manchmal spürt die erfahrene Crew sogar Wale oder Meeresschildkröten auf. Bei einem Stopp besteht Gelegenheit zum Schwimmen, Schnorcheln, Kajak- und Speedbootfahren. Auch wird unterwegs eine leichte kanarische Mahlzeit serviert. ■ Puerto de Morro Jable, Tel. 616 437 184, www.fuerteventurafullexperience.com, Dauer 4 Std., 65 €, erm. 32,50 €, Plan S. 113 a2

Events

Fiestas El Carmen Die Fischer feiern ihre Schutzheilige in verschiedenen Küstenorten auf Fuerteventura, besonders ausgiebig aber in Morro Jable. Das Programm mit Wallfahrt, Konzerten, Kabarett, Kinderfesten und nächtlichen Tanzveranstaltungen erstreckt sich über zwei Wochenenden hinweg und gipfelt am eigentlichen Ehrentag der Madonna, dem 16. Juli, in einer farbenfrohen Bootsprozession. ■ www.pajara.es, ca. 8.–16. Juli, Plan S. 113 a2

Erlebnisse

Santa María Schicker Segelkatamaran, auf dem Skipper Juan maximal zwölf zahlende Gäste durch die Wellen schaukelt. Unterwegs werden, sofern

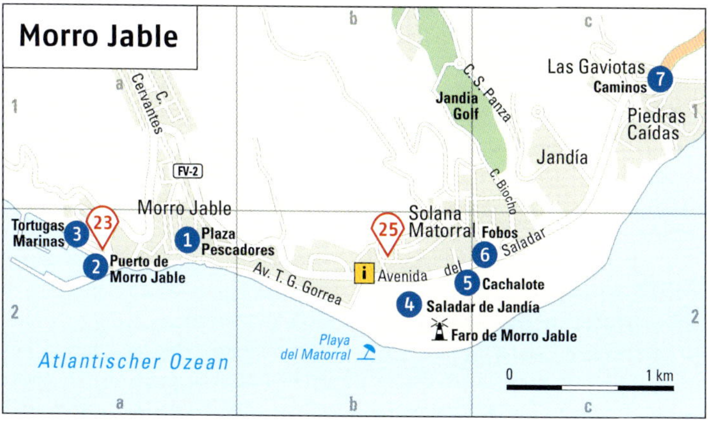

Pico de la Zarza: Fuerteventuras höchster Berg bietet einen Traumblick über die Insel

sie sich zeigen, Wale und Delfine beobachtet, und es wird eine Badepause eingelegt (4 Std., 56 €, erm. 35 € inkl. Transfer ab Hotels in Tarajalejo und auf der Halbinsel Jandía). ■ Puerto de Morro Jable, Tel. 645 59 66 66, www.catamaran-santamaria.com, Plan S. 113 a2

Senda Ventura Geführte Touren per Segway erschließen unbekannte Ecken der Insel. Auch für Neulinge nach kurzer Einweisung geeignet. Die einstündige Fahrt auf der Promenade von Jandía Playa kostet 40 €, eine Halbtagestour auf Eselspfaden bei Tiscamanita 89 €. ■ Urb. Las Gaviotas, Pasaje Playa 3, Tel. 638 67 95 04, www.segway-fuerteventura.de, Plan S. 113 a2

Sport

Fuerteventura Buceo Mehrsprachige Tauchschule. Schon bei der ersten Lektion wird nach kurzer theoretischer Einführung im Meer getaucht, der zweite Tauchgang kann bereits vom Boot aus stattfinden. Schnuppertauchen 85 €, Tauchgang 38 €, mit Ausrüstung 48 €. ■ Avenida del Saladar (Centro Comercial Cosmo), Tel. 928 54 14 18, www.fuerteventurabuceo.com, Plan S. 113 b2

Surfers Island Seit 1985 bewährte Schule für Katamaransegeln, Windsurfen, Wellenreiten, Kiteboarding. Mit Lounge und Shop. ■ Calle Melindraga 2 (nahe Hotel Aldiana), Tel. 928 16 63 49, www.surfers-island.es, Plan S. 113 c1

Wandern

Pico de la Zarza Ein recht anstrengender, von der Wegbeschaffenheit her aber nur mittelschwerer Aufstieg führt von Morro Jable zum Pico de la Zarza (807 m), dem höchsten Gipfel Fuerteventuras. Um den Beginn des als PR FV 54 ausgeschilderten Wegs zu erreichen, läuft oder fährt man die Calle Sancho Panza zwischen den Occidental-Hotels hinauf und hält sich dann an einer Gabelung rechts. Die Route ist nicht zu verfehlen. Oben bietet sich ein großartiger Blick auf die Strände bei Cofete (hin und zurück 4,5 Std., Trinkwasser mitnehmen).

37 El Puertito de la Cruz

Fischersiedlung nahe der Westspitze Fuerteventuras, gute Fischrestaurants

Das winzige Dorf ganz im Westen der Halbinsel Jandía besteht aus einfachen Häusern, die sich vor allem am Wochenende beleben. Dann kommen ihre Besitzer zum Angeln hierher. Ihre kleinen Boote ziehen sie auf der Rampe des Hafens am östlichen Ortsrand an Land. Hinter dem Hafen stehen die Wohnwagen einheimischer Dauercamper. Das große, moderne Windrad nebenan wurde schon vor vielen Jahren errichtet und sollte die Siedlung mit Elektrizität versorgen, ging aber nie in Betrieb. So wird weiterhin Strom mit Dieselgeneratoren erzeugt. Einzige echte Sehenswürdigkeit von El Puertito ist eine Skulptur des kubanischen Bildhauers Rogelio Cobas auf dem Hauptplatz, die einen Mann beim Erlegen eines Tintenfischs zeigt. Einheimische wie Tagestouristen treffen sich in den beiden Restaurants. Dort kann man auch nur einen Kaffee bestellen, wenn man sich nicht gleich ein Fischgericht gönnen möchte.

Restaurants

€ | **Punta de Jandía** Ziemlich urwüchsig, mit Außenterrasse mitten im Ort. Spezialitäten sind Tintenfisch sowie Fischeintopf mit Gofio. ■ Avenida del Puertito, Tel. 928174490, Di–So 10–17 Uhr

€€ | **El Caletón** Besonders hübsch am Strand gelegen. Hier gibt es Fisch und Schweinekotelett vom Grill. ■ Calle Fuerteventura 5, Tel. 928174146, tgl. 9–22 Uhr

Events

Fiesta del Pulpito Das Tintenfischfest wird an drei Tagen Anfang oder Mitte September mit Spielen für Kinder, Schaumparty, nächtlichem Tanz, Angelwettbewerb und einem Wettrennen auf der 4,4 km langen Strecke zwischen dem Faro de Jandía und der Punta de El Pesebre begangen. ■ www.pajara.es

Im Blickpunkt

Inselfauna – Was kreucht und fleucht denn da?

Bei einer Tour auf Schusters Rappen werden Ihnen sicher etliche mehr oder weniger seltene Tiere begegnen. Eine Besonderheit der Insel ist beispielsweise der Kanaren-Bläuling, ein Schmetterling, der sonst nur noch auf Lanzarote und Gran Canaria vorkommt. Allgegenwärtig ist das aus der Westsahara eingeschleppte Erdhörnchen, das sich von Samen und Früchten ernährt und schon zu einer regelrechten Plage geworden ist. Seltener bekommt man hingegen den Nordafrikanischen Igel und die bedrohte Kragentrappe, einen großen Laufvogel mit schwarzweißer Federhaube, zu Gesicht.

In der Umgebung

Faro de Jandía
| Leuchtturm |
Der Leuchtturm an der Westspitze beherbergt heute das Besucherzentrum des Parque Natural de Jandía, der den gesamten unbesiedelten Teil der Halbinsel umfasst. Exponate und Bildtafeln zur Flora, Fauna und Geologie des Parks sind zu sehen. Auf der Terrasse ist bei guter Wetterlage die Nachbarinsel Gran Canaria am Horizont auszumachen.

■ Punta de Jandía, Di–Sa 10–17 Uhr, Eintritt frei

Las Salinas
| Strand |
An dem recht breiten, naturbelassenen Strand finden sich neben dunklen, glatten Felsen auch helle Sandflecken.

ADAC Spartipp

Um den nur durch Pisten erschlossenen Westen der Halbinsel Jandía zu besuchen, kann man einen Geländewagen anmieten (S. 135) oder an einer Jeepsafari (Discovery Safari, www.discoverysafari.es, ca. 59 €) teilnehmen. Eine preisgünstigere Alternative ist der **Unimog-Linienbus** von Tiadhe (www.tiadhe.com). Linie 111 verlässt jeden Tag um 10 und 14 Uhr den Busbahnhof von Morro Jable in Richtung Cofete und El Puertito de la Cruz. Die Rückfahrt vom Leuchtturm an der Punta de Jandía erfolgt um 12 und 16 Uhr, ab Cofete um ca. 12.45 und 16.45 Uhr. Das Ticket kostet pro Strecke 8,70 €. Achtung, die Anzahl der Plätze ist begrenzt.

Hier kann man ein paar ruhige Stunden verbringen und eventuell sogar ins Wasser gehen, wobei allerdings Vorsicht angebracht ist. Denn häufig schlägt eine starke Brandung vor die Playa. Wellensurfer fühlen sich davon angezogen und beleben die Szenerie mit ihren Kunststücken.

■ 600 m östl. von El Puertito de la Cruz, von der Zufahrtspiste zum Ort ausgeschildert

Playa de Ojos
| Strand |
Die wellenumtoste Playa an der Piste zur Punta de El Pesebre schaut man sich besser von oben an. Nur unerschrockene einheimische Angler wagen sich auf halsbrecherischen Pfaden die Klippen hinab.

Punta de El Pesebre
| Landspitze |
Am Ende der Piste, die von El Puertito de la Cruz nordwärts führt, strahlt der angeblich kleinste Leuchtturm Europas sein Signal aus, damit Schiffe nicht an den schroffen Klippen der Landspitze zerschellen. Richtung Osten fällt der Blick auf die langen Sandstrände von Cofete.

38 Cofete

Hirtensiedlung mit brandungsreichen Naturstränden und geheimnisvoller Villa

Im Halbrund umgeben eindrucksvolle, Hunderte von Metern hohe Felswände das breite Tal von Cofete. Die Häuser des kleinen Dorfs wurden aus dunklem Naturstein ganz flach gebaut, um dem meist kräftig wehenden Wind standzuhalten und für Piraten weitgehend unsichtbar zu sein. Im 19. Jh. soll die Ge-

Fast wie aus der Zeit gefallen mutet die unberührte Playa de Cofete an

gend so fruchtbar gewesen sein, dass sogar Obst angebaut werden konnte. Dann trocknete der Boden durch Abholzung und Überweidung immer mehr aus, die meisten Bewohner wanderten nach Morro Jable ab. Heute leben noch einige Ziegenhirten zeitweise hier, andere Hausbesitzer kommen nur an den Wochenenden. Auf der Terrasse des einzigen Lokals geben sich Jeepfahrer ein Stelldichein.

Sehenswert

Playa de Cofete

| Strand |

10 *Wunderschöner Sandstrand für ausgedehnte Spaziergänge*

Die traumhafte, völlig unbebaute Playa punktet mit hellem Sand und einer herrlichen Kulisse aus Bergen im Süden. Baden gilt hier allerdings wegen meist hoher Wellen und unberechenbarer Strömungen als äußerst gefährlich, auch wenn sich Einheimische im Sommer schon einmal zwecks Erfrischung bis zu den Hüften ins Wasser wagen. Die meisten belassen es allerdings beim Sonnenbaden. An einem Erdparkplatz etwa 400 m nördlich von Cofete ist die Fahrt zu Ende. Dann geht es am Strand entlang nur zu Fuß weiter. In östlicher Richtung ist nach knapp 4 km die Felsklippe El Islote erreicht. Dahinter grenzt die einsamere Playa de Barlovento an, mit ähnlichem Ambiente wie die Playa de Cofete. Insgesamt erstreckt sich die Strandzone über 10 km hinweg.

Villa Winter

| Gutshof |

Das etwas abseits des Orts inmitten karger Landschaft stehende Gebäude mit dem markanten Turm gab immer wieder Anlass zu Spekulationen (siehe »Wussten Sie schon?«, S. 118). Ein deutscher Ingenieur na-

Die Gegend um Cofete – ein ideales Terrain für anspruchsvolle Wandertouren

ADAC Wussten Sie schon?

Immer wieder wird die **Villa Winter** mit dem Zweiten Weltkrieg in Verbindung gebracht. Hartnäckig halten sich Gerüchte, wonach das geheimnisvolle Anwesen nach dem Krieg Nazigrößen als Quartier diente, die von hier aus nach Südamerika geschleust wurden. Sie sollen auf dem ehemaligen, kaum noch erkennbaren Flugfeld an der **Punta de Jandía** eingetroffen sein. Von Cofete ging es angeblich per U-Boot weiter. Beweise dafür gab es nie. Doch besuchen nach wie vor viele Besucher die Villa, um das Geheimnis zu lüften ...

mens Gustav Winter ließ die Villa im Stil eines spanischen Gutshauses errichten, vielleicht schon während des Zweiten Weltkriegs. Offenbar hat er das Haus selbst nie genutzt. Schon in den 1930er-Jahren pachtete er große Teile der Halbinsel Jandía. Nach dem Krieg hielt »Don Gustavo«, wie er von den Dorfbewohnern genannt wurde, hier Ziegen und exportierte Käse nach Gran Canaria, wo er bis zu seinem Tod 1971 lebte. Frühere Pläne, aus dem Anwesen einen Wellnesstempel zu machen, wurden verworfen. Inzwischen ist das Haus eine Art Privatmuseum. Der heutige Bewohner lebt unter einfachsten Bedingungen, hält Hühner und baut im Innenhof Bananen an.

■ Diseminado Cofete 3, Di–So ca. 10–14 und 15–17 Uhr, www.casawinter.com, Eintritt frei (kleine Spende)

Restaurants

€€ | Cofete Das einzige Lokal am Ort, mit guter inseltypischer Küche. Da alles frisch zubereitet wird, kann es schon mal etwas länger dauern. Spezialitäten sind Fischsuppe und Ziegenfleisch. Hübsche Terrasse. ■ Calle Cofete, Tel. 928 17 42 43, tgl. 10–17 Uhr

Wandern

Cofete ist auch zu Fuß zu erreichen. Der als PR FV 55 ausgeschilderte alte Verbindungsweg beginnt an der Piste 3 km westlich von Morro Jable bei einem kleinen Parkplatz. Er überwindet die Passhöhe Degollada de Cofete (347 m) und führt dann mit großartiger Aussicht nach Cofete hinab (2,5 Std., mittelschwer), von wo man mit dem Linienbus (S. 110) nach Morro Jable zurückkehren kann.

Übernachten

Die Halbinsel Jandía ist der Hotspot des Fuerteventura-Tourismus. Costa Calma bietet einige größere Hotels und weitläufige Bungalowanlagen. Ferienclubs für sportorientierte Urlauber überwiegen in Esquinzo/Butihondo. Am meisten los ist in Morro Jable/Jandía Playa mit etlichen 4-Sterne-Komforthotels und Apartmenthäusern. Ein Hotel steht in La Pared, zwei weitere befinden sich am Surferstrand Playa Barca.

La Pared 100

€ | La Pared powered by Playitas Ein Ableger des Playitas Resort (S. 77) mit Aktivitäten wie Surfen, Radfahren, Wandern, Yoga. Das Hotel pflegt einen unkomplizierten Boutiquestil. Mindestalter 16 Jahre. ■ Avenida del Istmo 6, Tel. 928 54 91 30, www.laparedbyplayitas.net

Costa Calma 100

€€ | H10 Playa Esmeralda Wunderschön über dem Meer gelegenes 4-Sterne-Komforthotel (»adults only«), orientalische Architektur, mehrere Pools und Spa. Angenehme Abendunterhaltung. ■ Calle Punta del Roquito 2, Tel. 928 87 53 53, www.h10hotels.com

€€ | Bahía Calma Beach Gepflegte Anlage in einen Palmengarten über dem Strand, mit Studios, Apartments und Bungalows. Zwei Pools, Kinderbecken. ■ Calle Angostura 3, Tel. 928 54 71 58, www.bahia-calma.com

€€ | Meliá Fuerteventura Privilegierte Lage am Naturstrand Playa Barca. Das 4-Sterne-Hotel punktet mit exotischem Garten, riesigem Salzwasserpool und Lounge-Bar auf dem Dach. ■ Los Gorriones, Tel. 928 54 70 25, www.melia.com

24 **€€ | R2 Maryvent Beach** Für einen ruhigen Badeurlaub zu zweit oder mit der Familie empfiehlt sich diese unmittelbar am Strand gelegene Ferienanlage mit Studios und Apartments, die ganz ohne Animation auskommt und mit ihrer verschachtelten Architektur ein optischer Leckerbissen ist, aber auch viele Treppen zum Steigen bereithält. ■ Calle Caleta Mansa, Tel. 928 54 74 02, www.r2hotels.com

€€ | Sotavento Beach Club Sehr kinderfreundliche Apartmentanlage mit abwechslungsreichem Animations- und Veranstaltungsprogramm für Familien. Büfettrestaurant. ■ Avenida Jahn Reisen 3, Tel. 928 54 70 60, www.sotaventobeachclub.com

Esquinzo 105

25 **€€ | Marina Playa Suites** Ein familiär geführtes Haus für alle, die es gerne etwas ruhiger und ohne die Animation der Großhotels haben. Gut gelegen in bequemer Fußgängerentfernung vom Strand. Großzügig geschnittene Suiten. Mit Wellnessangeboten, Meerwasserpool, Restaurant und Terrassenbar. ■ Calle Volcán de Vayuyo 8, Tel. 928 54 40 52, www.marina-playa-suites.com

€€€ | TUI Magic Life Club Fuerteventura Die großzügige Anlage thront auf den Klippen über dem Strand. Ausgedehnte Erholungslandschaft mit Pools und Liegeflächen. All inclusive, mehrere Restaurants und Bars. Mit großem Sportprogramm. ■ Avenida de los Pueblos 1, Tel. 928 87 36 00, www.magiclife.com

Morro Jable 106

€ | Igramar Kleinere Apartmentanlage, nicht weit vom alten Fischerhafen gelegen. Mit Swimmingpool. Adults only. ■ Peatonal Las Gaviotas 3, Tel. 928 16 64 23, www.igramarmorrojable.com

€€ | Casablanca Am oberen Ortsrand zwischen Wohnhäusern gelegenes, inhabergeführtes kleines Apartmenthaus mit gefälliger Architektur. ■ Avenida del Faro 6, Tel. 928 54 17 44, www.casablancafuerteventura.com

€€€ | Buganvilla Bewährtes Komforthotel mit Blick zum Strand. Kompetentes Personal, großzügiger Wellnessbereich, beheizter Außen- und Innenpool, Fitnessstudio. Moderates Animationsprogramm für Groß und Klein. In den praktisch eingerichteten Zimmern kommt außer zwei Erwachsenen auch ein Kind unter. All inclusive. ■ Calle Las Afortunadas 2, Tel. 928 54 06 40, www.buganvilla.ving.com

€€€ | Garden & Sea Boutique Lodging Luxuriöse Duplex-Apartments mit eigenem Whirlpool auf der Terrasse, oberhalb der Klippen mit unmittelbarem Meerblick. ■ Calle el Sol 8, Tel. 928 54 07 84, www.esmeraldaresorts.com

€€€ | Riu Palace Jandía Eines der wenigen Hotels in Jandía Playa in direkter Strandlage, das alle Annehmlichkeiten eines 4-Sterne-Hauses bietet, u. a. Süßwasser- und Whirlpool. Angeschlossen ist ein Gesundheits- und Schönheitszentrum. ■ Playa de Jandía, Tel. 928 54 03 70, www.riu.com

€€€ | XQ El Palacete Elegantes, überschaubar großes Hotel, sehr serviceorientiert. Hell eingerichtete Zimmer mit Balkon und Meerblick. Pittoresk gelegen, auf der Anhöhe zwischen Morro Jable und Jandía Playa über dem Strand. ■ Calle Acantilado, Tel. 928 54 20 70, www.xqelpalacete.com

ADAC Das besondere Hotel

Wer gern individuell und abseits des Trubels unter Einheimischen wohnt, ist mit dem winzigen, von einer spanischen Familie geführten **Hotel Colina** gut bedient. Im gefälligen Inselstil und in der gleichen Größenordnung wie die benachbarten Wohnhäuser, steht es etwas erhöht am Ortsrand. Die fünf Zimmer sind unterschiedlich und geradezu luxuriös eingerichtet. Man fühlt man sich eher wie zu Hause als in einem Hotel. Von der Terrasse fällt der Blick über das Zentrum von Morro Jable bis zum Meer. Dort wird auch das mediterrane Frühstück serviert. Außerdem stehen ein Pool, eine gut ausgestattete Küche, ein Wohnzimmer und eine Bibliothek zur gemeinschaftlichen Nutzung zur Verfügung. Zum Strand und zu den Fischlokalen am alten Hafen sind es zu Fuß ca. 10 Min.
€€ | *Morro Jable, Calle Mafasca 18, Tel. 639 11 35 96 (auch WhatsApp), www.hotelcolina.de*

ADAC Service Fuerteventura

Beim **ADAC Infoservice**, in den **ADAC Geschäftsstellen** sowie auf dem **Internetportal des ADAC** (adac.de) erhalten Sie Informationen zu den Dienstleistungen des Automobilclubs und zu Ihrem Reiseziel. So können Sie sich von der **ADAC Trips App** (adac.de/services/apps/trips) via Smartphone oder Tablet-PC inspirieren lassen oder als **ADAC Mitglied** das kostenlose **ADAC Tourset® Gran Canaria, Lanzarote, Fuerteventura** (adac.de/reise-freizeit/reiseplanung/tourset) mit vielen Reiseinfos und Karten anfordern. Bei Pannen und Notfällen steht Ihnen unser Team rund um die Uhr telefonisch und digital (adac.de/hilfe und ADAC Pannenhilfe App) zur Verfügung.

ADAC Info-Service

T 0 800 510 11 12
Infos zu allen ADAC Leistungen
(Mo–Sa 8–20 Uhr, gebührenfrei)

ADAC Pannenhilfe Deutschland

T 089 20 20 40 00, Mobil 22 22 22
(Verbindungskosten je nach
Netzbetreiber/Provider)

ADAC Ambulanzdienst

T +49 89 76 76 76
(Erkrankung, Unfall, Verletzung,
Transportfragen, Todesfall)

ADAC Pannenhilfe Ausland

T +49 89 22 22 22
(Verbindungskosten je nach
Netzbetreiber/Provider)

Online-Angebote des ADAC für Ihre Reiseplanung

Service	Webadresse
Reiseinspirationen, -planung und -hinweise	adac.de/reise-freizeit/reiseplanung
Aktuelle Verkehrslage	adac.de/verkehr
Individuelle Routenplanung	adac.de/maps
Infos zu Tankstellen und Spritpreisen	adac.de/tanken
Infos zu mautpflichtigen Strecken	adac.de/reise-freizeit/maut-vignette
Infos zu Fährverbindungen	adac.de/faehren
Aktuelle Infos vor Reiseantritt	adac.de/tourmail
Informationen für Camper	adac.de/camping
Informationen für Motorrad- und Oldtimerfahrer	adac.de/reise-freizeit/reisen-motorrad-oldtimer
Informationen für Segler und Skipper	skipper.adac.de
ADAC Reiseangebote	adacreisen.de
ADAC Autovermietung	adac.de/autovermietung
ADAC Versicherungen für den Urlaub	adac.de/versicherungen
Weltweite Preisvorteile für ADAC Mitglieder	adac.de/vorteile-international
Telemedizinische Beratung	adac.de/meinmedical

Diese **Produkte des ADAC** könnten Sie interessieren: **ADAC Reiseführer Gran Canaria, ADAC Reiseführer Andalusien** und **ADAC Reiseführer Lanzarote** – erhältlich im Buchhandel, bei den ADAC Geschäftsstellen und in unserem ADAC Online-Shop (adac.de/shop).

Anreise und Einreise

Auto und Autofähre

Ab **Cádiz** in Südspanien verkehrt wöchentlich eine Autofähre der Naviera Armas (www.navieraarmas.com) zu den Kanarischen Inseln mit Stopp u. a. in Puerto del Rosario auf Fuerteventura (Fahrtdauer ca. 31–36 Std.). Zwei Personen zahlen mit Pkw in der Zweibettkabine hin und zurück ca. 1700 €, mit Wohnmobil ca. 2200 €. Vom südspanischen **Huelva** verkehren zwei Autofähren pro Woche nach Las Palmas (Gran Canaria). Anbieter sind Naviera Armas sowie Fred. Olsen (www.fredolsen.es). Ab Las Palmas besteht mit beiden Gesellschaften Anschluss nach Morro Jable (Fuerteventura), s. S. 110. Für die Anfahrt nach Cádiz bzw. Huelva sind ab Deutschland zwei bis drei Tage zu veranschlagen. Die Autobahnen in Frankreich sind mautpflichtig (ca. 100 € pro Strecke für einen Pkw), in Spanien wurde die Autobahnmaut weitgehend abgeschafft.

Bahn und Bus

Die Anreise per Bahn oder Bus von Deutschland nach Cádiz oder Huelva, wo Fährschiffe zu den Kanarischen Inseln starten (s. o.), gestaltet sich recht umständlich und kommt als Alternative zu einem Flug kaum in Frage.

Flugzeug

Die mit Abstand schnellste und preisgünstigste Form der Anreise ab Mitteleuropa nach Fuerteventura ist der Flug. Nonstop beträgt die **Flugzeit** 4–5 Std., Hin- und Rückflug kosten je nach Flugtag und gewählten Extras zwischen 100 und 1000 €. Verbindungen bestehen von verschiedenen Flughäfen in Deutschland und der Schweiz z. B. mit Condor (www.condor.com), TUIfly (www.tuifly.com) und Ryanair (www.ryanair.com), ab Österreich nur mit Zwischenstopp. Fuerteventura wird ganzjährig häufig angeflogen.

Der **Aeropuerto de Fuerteventura** (FUE) liegt etwa 5 km südlich von Puerto del Rosario. In die Stadt gelangt man mit den Buslinien 3 und 10 (alle 30–60 Min., www.tiadhe.com) oder – in Gegenfahrtrichtung – in den Ferienort Caleta de Fuste. Linie 10 fährt 2–4 x tgl. vom Flughafen nach Morro Jable. Ansonsten geht es zur Halbinsel Jandía und in den Inselnorden mit Umsteigen am Busbahnhof von Puerto del Rosario. Eine **Taxifahrt** vom Flughafen nach Corralejo kostet ca. 50 €, nach Morro Jable ca. 100 €.

Einreise und Dokumente

Die Kanarischen Inseln sind Teil des Schengenraums. Es gibt daher keine oder nur stichprobenartige **Grenzkontrollen**. Urlauber aus Deutschland, Österreich und der Schweiz müssen jedoch einen noch mindestens drei Monate gültigen Personalausweis oder Reisepass bei sich haben. In Spanien besteht Ausweispflicht, außerdem ist ein Ausweisdokument bei Autovermietungen und beim Einchecken in der Unterkunft vorzulegen. Für Kinder bis zum 12. Lebensjahr genügt ein Kinderreisepass. Zu beachten ist, dass dieser inzwischen nur noch ein Jahr Gültigkeit hat. Er wird aber sofort und unbürokratisch ausgestellt. Wir empfehlen, vor Reiseantritt Kopien Ihrer Reisedokumente anzufertigen und diese getrennt von den Originalen aufzubewahren oder sie online, möglichst in einer Cloud, alternativ auch auf einem mitgenommenen und sicher verstauten USB-Stick zu speichern.

Auto und Straßenverkehr

Führerschein und Papiere

Der nationale **Führerschein** genügt. Wer mit dem eigenen Fahrzeug anreist, muss auch den **Kfz-Schein** mitführen. Die **Internationale Grüne Versicherungskarte** wird empfohlen, da sie bei einem Unfall die Abwicklung erleichtert. Ein Nationalitätskennzeichen ist bei Fahrzeugen mit Euro-Nummernschild nicht erforderlich.

Tempolimits auf Fuerteventura

(Ausnahmen siehe Verkehrsvorschriften)

Straße	Tempolimit
Autobahn	max. 110 km/h
Landstraße	max. 90 km/h
Ortschaft	max. 50 km/h

Straßennetz und Sicherheit

Das Straßennetz ist gut ausgebaut. Manchmal kann in Städten und größeren Orten das **Einbahnstraßen-** und **Sackgassensystem** verwirrend sein. In entlegenen Inselteilen gibt es nur **Pisten**. Die Erdstraßen im Westen der Halbinsel Jandía sind in der Regel gut mit einem normalen Pkw befahrbar, können aber nach stärkeren Regenfällen beschädigt sein. Andere Pisten erfordern oft einen Geländewagen.

Verkehrsvorschriften

Tempolimit s. Tabelle oben. Die erlaubte Geschwindigkeit für Pkw wird fast überall durch Schilder angezeigt. Oft ist sie gegenüber den genannten Höchstgeschwindigkeiten weiter eingeschränkt. Verstöße werden mit hohen **Bußgeldern** geahndet. Bußgeldbescheide können auch in Deutschland vollstreckt werden.

Die **Promillegrenze** liegt bei 0,5.

Für jeden Mitfahrenden ist eine **Warnweste** mitzuführen, die bei Unfall oder Panne bei Verlassen des Fahrzeugs getragen werden muss.

Abgesehen vom Schalten müssen sich stets beide Hände am Lenkrad befinden. Beim Fahren sind also z.B. Essen, Trinken, Rauchen und die Bedienung des Navis verboten.

Besonderheiten

Wenn der Vorausfahrende **links blinkt**, möchte er nicht unbedingt abbiegen, sondern will oft anzeigen, dass sich vor ihm ein Hindernis befindet und nicht überholt werden soll.

Häufig sind **Kreisverkehre**. Vorfahrt hat, wer sich im Kreisel befindet. Wer die nächste Ausfahrt nehmen möchte, benutzt die rechte Spur. Anderenfalls muss in zweispurigen Kreiseln innen gefahren werden, bis zum Ausfahren nach rechts gewechselt wird.

Tanken

Das Tankstellennetz ist ausreichend dicht. Nur bei Fahrten ins Bergland bei Betancuria und in den Westen der Halbinsel Jandía sollte vorher getankt werden. Erhältlich sind bleifreies Super (95 und 98 Oktan) und Diesel. E10-Kraftstoffe sind nicht im Angebot. Die **Kraftstoffpreise** liegen dank der weitgehenden Steuerfreiheit deutlich unter dem deutschen und österreichischen Niveau (siehe ADAC Spartipp, S. 101). Autogas gibt es nur bei der DISA-Tankstelle in El Matorral (nahe Flughafen). Es ist etwas teurer als in Deutschland. Autogas-Tankstellen auf Lanzarote und Gran Canaria: www.glpautogas.info.

Parken

Fast überall auf Fuerteventura parkt man noch **gratis**. Nur im Zentrum von Puerto del Rosario sowie vereinzelt auch anderswo sind blau oder grün markierte, **gebührenpflichtige Zonen** ausgewiesen (Parkautomat; ca. 0,70 €/Std.). In Puerto del Rosario kann man in das Parkhaus des Einkaufszentrums Las Rotondas (S. 23) oder auf den Hafenparkplatz ausweichen, beide sind gebührenfrei. An gelb markierten Straßenrändern besteht absolutes Park- und Halteverbot. Verstöße werden streng geahndet, es droht sogar Abschleppung.

Panne und Unfall

Nach einem Unfall sollten Sie sofort anhalten, die Unfallstelle absichern und Erste Hilfe leisten, dabei an das Anlegen der Warnweste denken. Bei **Personenschaden** müssen Sie die Polizei verständigen (Notruf: 112, S. 130). Ist man mit dem eigenen Auto unterwegs und liegt nur ein **Sachschaden** vor, empfiehlt sich die Verwendung des »Europäischen Unfallberichts«, der mehrsprachig über den ADAC erhältlich ist. Mietwagenfahrer müssen bei Panne oder Unfall sofort die Mietwagenfirma informieren, die Telefonnummer steht auf dem Mietvertrag. Den **ADAC Auslandsnotruf** erreichen Sie bei Fahrzeugpannen und -unfällen unter Tel. +49/89/22 22 22.
Unbedingt Kennzeichen, Name und Anschrift von Fahrern und Haltern der beteiligten Fahrzeuge sowie deren Haftpflichtversicherung und Versicherungsnummer notieren. Außerdem Name von (möglichst neutralen) Unfallzeugen festhalten und die Unfallstelle fotografieren. Unterzeichnen Sie keine fremdsprachigen Schriftstücke, deren Inhalt unklar ist. Lassen Sie sich bei Problemen vom ADAC Infoservice beraten (Tel. 0800/510 11 12).

Ihre **Schadensersatzansprüche** können Sie entweder bei der gegnerischen Versicherung in Spanien oder über einen Regulierungsbeauftragten der spanischen Haftpflichtversicherung in Deutschland geltend machen, der Ihnen über den Zentralruf der Autoversicherer vermittelt wird.

Zentralruf der Autoversicherer Auskunftsstelle / GDV
■ Glockengießerwall 1, 20095 Hamburg, Tel. 0800/250 26 00, +49/40 300 33 03 00, www.zentralruf.de

Barrierefreies Reisen

Fuerteventura stellt sich immer besser auf Touristen mit Mobilitätseinschränkungen ein. Der **Flughafen** und einige Sehenswürdigkeiten, etwa **Oasis Wildlife** bei La Lajita, sind stufenlos zugänglich und bieten barrierefreie Sanitäranlagen. Über **Strände** mit Rampen verfügen die Grandes Playas (Corralejo), die Playa Blanca (Puerto del Rosario), die Playa del Castillo (Caleta de Fuste), wo auch Wasserrollstühle verfügbar sind, und die Playa del Matorral (Morro Jable). Auch barrierefreie Taxis stehen zur Verfügung. Buchung von barrierefreien Hotels und Ferienwohnungen ist möglich über www.runa-reisen.de oder www.traum-ferienwoh nungen.de.

Diplomatische Vertretungen

Die Auslandsvertretungen Ihres Heimatlandes helfen Ihnen, wenn Sie Reisedokumente verloren haben, oder vermitteln, falls es zu Problemen mit spanischen Behörden kommen sollte. Allerdings befinden sich die nächstgelegenen auf Gran Canaria.

Festivals und Events

Januar

Reyes Magos (6. Januar, Dreikönigsfest) – Am Vorabend finden Umzüge mit den »Heiligen Drei Königen« statt.

Festival Internacional de Música de Canarias (www.icdcultural.org/fimc) – Fünf Wochen lang klassische Konzerte, u. a. in Puerto del Rosario im Palacio de Congresos (S. 22).

Februar

Carnaval (Karneval) – Besonders ausgiebig mit Umzügen und nächtlichem Tanz wird in Puerto del Rosario und Corralejo gefeiert und das weit über Aschermittwoch hinaus.

Mai

Feria Insular de Artesanía (Ende Mai oder Anfang Juni, Antigua, www.visitfuerteventura.es) – An einem Wochenende stellen Kunsthandwerker ihre Arbeiten vor (S. 73).

Juni

Día del Corpus (Fronleichnam, Puerto del Rosario) – Hier werden für die Prozession keine Blumenteppiche, sondern solche aus gefärbtem Salz ausgelegt.

Juli

Fuerteventura en Música (Monatsanfang, El Cotillo) – Festival an der Playa de La Concha, mit Musikern der Kanaren, aus Afrika und Lateinamerika (S. 38).

Fiestas del Carmen (um den 16. Juli) – Zu Ehren ihrer Schutzpatronin fahren die Fischer von Corralejo, Salinas del Carmen, Ginigināmar und Morro Jable mit Bootsprozessionen aufs Meer hinaus.

Windsurfing & Kiteboarding Worldcup (Ende Juli–Anfang August, Playa Barca, www.fuerteventura-worldcup.org) – Weltmeisterschaft der Wind- und Kitesurfer mit tollen Partynächten im und um das Festzelt, in dem Details der Wettbewerbe per Video gezeigt werden.

August

Fiestas Parroquiales
Fast jedes Dorf feiert seine Kirmes an einem verlängerten Wochenende im August.

September

Fiesta Nuestra Señora de la Peña (drittes Septemberwochenende, Vega de Río Palmas) – Große Wallfahrt zu Ehren der Inselheiligen (siehe »Im Blickpunkt«, S. 89).

Oktober

Fiesta de la Virgen del Rosario (um den 7. Oktober, Puerto del Rosario) – Zweiwöchige Kirmes am Hafen mit umfangreichem Programm (S. 26).

Fiesta de San Miguel (29. September bis 13. Oktober, Tuineje) – Kirmes mit bunter Historienschlacht (siehe »Im Blickpunkt«, S. 68).

Dezember

Noche Vieja (Silvester) – Überall wird elegant gefeiert. Zu Mitternacht isst man bei jedem Glockenschlag eine Weinbeere, das bringt Glück.

Deutsches Konsulat

■ Calle Albareda 3, 35007 Las Palmas (Gran Canaria), Tel. 928 49 18 80, www.las-palmas.diplo.de

Österreichisches Honorarkonsulat

■ Avenida de Gran Canaria 26 (Hotel Eugenia Victoria), 35100 Playa del Inglés (Gran Canaria), E-Mail: consuladodeaustria@gmail.com, www.bmeia.gv.at

Schweizerisches Konsulat

■ Urbanización Bahía Feliz, Edificio de Oficinas, Local 1, 35107 Playa de Tarajalillo (Gran Canaria), Tel. 928 15 79 79, www.eda.admin.ch/madrid

Feiertage

1. Januar (Neujahr), 6. Januar (Dreikönigsfest), Gründonnerstag, Karfreitag, 1. Mai (Tag der Arbeit), 15. August (Mariä Himmelfahrt), 12. Oktober (Tag der Entdeckung Amerikas), 1. November (Allerheiligen), 6. Dezember (Tag der Verfassung), 8. Dezember (Mariä Empfängnis), 25. Dezember (Weihnachten). Hinzu kommt auf Fuerteventura der 15. September (Inselfeiertag). Fällt einer dieser Tage auf einen Sonntag, ist entweder der Montag arbeitsfrei oder es wird ein anderer Feiertag bestimmt, z. B. der 30. Mai (Kanarentag) oder der 25. Juli (Tag des Apostels Jakob). Jede Gemeinde weist außerdem zwei örtliche Feiertage aus.

Geld und Währung

Die Kanaren zählen zur **Eurozone**. Bankautomaten für Kreditkarten und Debitkarten (»EC-Karten«), die auch in deutscher Sprache zu bedienen sind, stehen bei jeder Bankfiliale, in Hotels und Einkaufszentren. Viele Geschäfte, Hotels, Restaurants, Tankstellen und Autovermietungen akzeptieren Kreditkarten und EC-Karten.
Für den Umtausch von Nicht-Euro-Währungen kommen **Banken** (geöffnet meist Mo–Fr 9–14, Sept.–Juni auch Sa 9–13 Uhr) und **Hotelrezeptionen** in Frage. Am Flughafen gibt es keine Wechselmöglichkeit.

Kosten im Urlaub

(durchschnittliches Preisniveau)

Tasse Kaffee	2 €
Softdrink (Limonade)	2,50 €
Glas Bier (0,4 l)	4,50 €
Glas Wein (0,2 l)	4,50 €
Hauptgericht (Restaurant)	15 €
Eintritt staatl. Museum	3 €
Mietwagen/Tag	35 €

Gesundheit

Ärztliche Leistungen

Das staatliche spanische Gesundheitssystem bietet eine Basisversorgung. Jede Gemeinde verfügt über ein Gesundheitszentrum (»centro de salud« oder »consultorio«). Adressen und Telefonnummern stehen unter www.centrosdesalud.net (Stichwort: Las Palmas). Bei Vorlage einer **Europäischen Krankenversicherungskarte** (i. d. R. in die nationale Gesundheitskarte integriert) haben EU-Bürger und Schweizer Anspruch auf die gleichen Leistungen wie Spanier.
In den Ferienorten gibt es private Ärztezentren. Die deutlich höheren Kosten dafür übernimmt die gesetzliche Krankenversicherung nicht unbedingt. Wir empfehlen daher für den Zeitraum der Reise den Abschluss ei-

ner privaten **Auslandskrankenversicherung**. Lassen Sie sich stets eine detaillierte Rechnung zur Vorlage bei der Versicherung ausstellen.
Ärzte und Gesundheitspersonal sprechen zumeist Englisch. Auch einige deutsche Ärzte praktizieren auf Fuerteventura. Kontaktdaten sind über Hotelrezeptionen zu bekommen.

Apotheken

Meist Mo–Fr 9–13 und 17–19 Uhr geöffnet. Apotheken mit Notdienst (»farmacias de guarda«) stehen unter www.farmaciasdecanarias.com.

Krankenhäuser

Puerto del Rosario hat ein öffentliches Krankenhaus mit Notaufnahme.

Hospital General de Fuerteventura

■ Ctra. General Aeropuerto, Km 1, Tel. 928 86 20 00

Haustiere

Wer mit Hund oder Katze Grenzen innerhalb der EU übertritt, benötigt einen **EU-Heimtierausweis**. Darin müssen eine gültige Tollwutimpfung (Erstimpfung mind. 21 Tage vor Grenzübertritt) und die Daten der Markierung eingetragen sein. Für Tiere, die ab 3. Juli 2011 erstmals gekennzeichnet wurden, ist ein **Mikrochip** Pflicht. Bei vor diesem Stichtag markierten Tieren genügt eine (gut erkennbare) Tätowierung.

Information

Offizielle touristische Informationen erteilt der Patronato de Turismo de Fuerteventura. Die Internetseite ist auch auf Deutsch verfügbar.

Patronato de Turismo de Fuerteventura

■ Calle Almirante Lallermand 1, 35600 Puerto del Rosario, Tel. 0034/928 53 08 44, www.visitfuerteventura.es

Auf Fuerteventura unterhält der **Patronato de Turismo** Informationsbüros in Puerto del Rosario und am Flughafen. Außerdem finden Sie in Puerto del Rosario, Corralejo, Caleta de Fuste und Morro Jable städtische Informationsstellen. Die Adressen stehen in diesem Reiseführer jeweils am Anfang der Ortsbeschreibung.
Auskünfte erteilt auch die Website des offiziellen Tourismusbüros **Turespaña** (www.spain.info). Dort können Sie außerdem Broschüren herunterladen und finden Kontaktadressen von Turespaña in Deutschland, Österreich und der Schweiz.

Klima und beste Reisezeit

Auf Fuerteventura herrscht ein fast wüstenhaftes Klima, das zugleich dank der dämpfenden Wirkung des Atlantiks sehr ausgeglichen ist. Im Hochsommer klettern die Temperaturen auf nur rund 27 °C, im Winter liegen sie noch um 19 °C. Nachts sinkt das Thermometer von Juli bis September auf etwa 20 °C, im Januar/Februar auf etwa 14 °C ab. In den Sommermonaten weht meist ein recht stetiger Passatwind aus Nordosten. Wechselhafter ist das Wetter im Winter, wenn von Westen her **Tiefdrucksysteme** die Insel streifen können. Der dann teilweise kräftige Wind sorgt an der Westküste für hohe Brandung. Selten weht Südostwind, der heiße Luft aus der Sahara und einen feinen, rötlichen Staub mitbringt, der zu Nebel führen kann.

Auf Fuerteventura wird ganzjährig gebadet und Wassersport betrieben. Allerdings bleibt das Atlantikwasser sogar im Sommer relativ kühl. So steigen die **Meerestemperaturen** in der wärmeren Jahreszeit nur auf bis zu 22 °C, die von August bis Oktober erreicht werden. Im März sind die Wassertemperaturen mit rund 17 °C am niedrigsten. Niederschläge gibt es, wenn überhaupt, zwischen Oktober und April. Von Jahr zu Jahr fällt die **Regenmenge** recht unterschiedlich aus. In seltenen Fällen kann es heftig regnen. Manche Tage sind wolkenverhangen, und es fällt teilweise Nieselregen. Meist ist es aber auch im Winter trocken und sonnig. Gewitter werden fast gar nicht verzeichnet.

Klimatabelle Puerto del Rosario

Monat	Luft (°C) min/max	Wasser °C	Sonne (h/Tag)	Regentage
Jan.	14/20	6	3	18
Feb.	14/20	7	3	18
März	15/21	7	2	17
April	15/22	8	1	18
Mai	16/23	8	0	18
Juni	18/25	9	0	20
Juli	20/27	9	0	21
Aug.	20/27	9	0	22
Sept.	20/27	8	0	22
Okt.	19/26	7	2	22
Nov.	17/24	7	2	20
Dez.	15/21	6	3	19

Bei Mitteleuropäern ist die beliebteste Reisezeit das **Winterhalbjahr**, während Spanier eher im Sommer nach Fuerteventura kommen. Ferienorte und Strände sind immer belebt. So variieren auch die Hotelpreise mit den Jahreszeiten nur geringfügig.

Dank der Nähe zum Äquator schwankt die **Tageslänge** im Jahresverlauf kaum. So ist sogar im Winter noch mit 10–11 Stunden Tageslicht zu rechnen.

Medien

Deutsche **Tageszeitungen** und **Zeitschriften** erhält man in den Ferienorten mit einem Tag Verspätung am Kiosk. Über aktuelle Ereignisse auf der Insel und touristisch relevante Themen informieren die deutschsprachige »Fuerteventura Zeitung« (www.fuerteventurazeitung.de), die alle zwei Wochen erscheint, sowie die dreisprachige Monatszeitschrift »Fuerteventura Magazine Hoy« (www.fuerteventuramagazinehoy.com; u. a. Deutsch).

In den Hotelzimmern befinden sich in der Regel **Fernseher**, die mehrere deutschsprachige Programme empfangen. Der deutschsprachige **Radiosender** für die Kanaren, Radio Europa, ist auf Fuerteventura im Süden bis Gran Tarajal auf 104,0 FM, weiter nach Norden bis Corralejo auf 102,5 und 106,2 FM zu empfangen.

Nachtleben

Ein aufregendes Nachtleben bietet Fuerteventura nicht. Am ehesten etwas los ist noch in **Corralejo**, wo sich ein internationales Publikum in Bars und Music-Pubs vergnügt. In eingeschränktem Maße gilt dies auch für **Caleta de Fuste**. Die Surferszene frequentiert abends ihre Kultlokale in Corralejo, Lajares und El Cotillo. In den Urlaubsorten der Halbinsel **Jandía** geht es abends und nachts sehr ruhig zu. Die abendliche Unterhaltung spielt sich dort im Wesentlichen innerhalb der Ferienclubs und großen Hotels ab.

Notfall

Wählen Sie in Notfällen immer die gebührenfreie europäische **Notfallnummer 112**. Unter dieser Nummer erhalten Sie Hilfe von der Polizei oder der Feuerwehr sowie in medizinischen Notfällen (Rettungswagen, Notarzt).
ADAC Mitglieder können sich in Notfällen auch rund um die Uhr an den **ADAC Auslandsnotruf** unter Tel. +49/89/22 22 22 wenden. Bei Bedarf werden auch Dolmetscher vermittelt. An vielen Stellen im öffentlichen Bereich und in Apotheken gibt es auf Fuerteventura Defibrillatoren zur Behandlung von Herzrhythmusstörungen. Sie sind wie bei uns durch das Wort »Defibrillator« gekennzeichnet und zur Anwendung durch medizinische Laien vorgesehen.

Öffnungszeiten

Geschäfte sind meist Mo–Fr 10–13/14, 16/17–20 und Sa 10–13/14 Uhr geöffnet, in Ferienorten auch durchgehend und am Wochenende. Einkaufszentren und Supermärkte öffnen Mo–Sa 9–21/22 Uhr.

Post

Es gibt mehrere Postanbieter. Für Post nach Deutschland haben sich Marken der staatlichen spanischen Post **»Correos«** bewährt. Es gibt sie in Postfilialen (meist Mo–Fr 8.30–14.30, Sa 9.30–13 Uhr, in Puerto del Rosario Mo–Fr bis 20.30 Uhr) und in jedem autorisierten Tabakladen (»estanco«). Das reguläre **Porto** für eine Standard-Postkarte oder einen Standard-Brief (bis 20 g) in alle Länder Mitteleuropas beträgt 1,65 € (Stand 2022). Die mit Marken von Correos frankierte Post gehört in die **gelben Briefkästen** mit Posthornzeichen. Mit Laufzeiten der Post bis nach Mitteleuropa von mehr als zehn Tagen sollte man rechnen.

Rauchen und Alkohol

Auf Fuerteventura ist das Rauchen in öffentlichen Bereichen, etwa am Flughafen, an Bushaltestellen, in Bussen, Fährterminals, Einkaufszentren, Hotelhallen und in der Innengastronomie verboten. Im Abflugbereich des Flughafens gibt es eine Außenterrasse für Raucher. Die Regelungen gelten auch für E-Zigaretten. Hotels können noch Raucherzimmer anbieten, sie sind aber nur in begrenztem Ausmaß verfügbar. Rauchen am Steuer ist seit 2022 verboten und wird mit einem **Bußgeld** geahndet. Strikt untersagt ist es, brennende Kippen aus dem Autofenster zu werfen. Mietwagenfirmen bringen oft Rauchverbotsschilder in ihren Wagen an. In naher Zukunft soll das Rauchverbot auch auf Außengastronomie und Strände ausgeweitet werden.
Alkohol darf an Jugendliche unter 18 Jahren in Geschäften und Lokalen nicht abgegeben werden.

Sicherheit

Fuerteventura gilt als relativ sicher. Dennoch ist Vorsicht insbesondere in den Ferienorten angebracht. Wertsachen und wichtige Dokumente sind am besten im **Hotelsafe** aufgehoben (in vielen Hotelzimmern, meist gegen Gebühr). Sofern das nicht möglich ist, empfiehlt es sich, Wertsachen am Körper zu tragen. Halten Sie Ihren Bargeldbestand klein. Mit **Taschendieben** ist etwa auf Märkten, Volksfesten, in Fußgängerzonen und Nachtlokalen zu rechnen. Auch an Stränden kommt es immer wieder zu Diebstählen. Im Auto sollte nichts offen sichtbar liegen bleiben, auch keine Jacken oder Zeitungen, unter denen Diebe Wertsachen vermuten könnten. Einbrüche in Hotelzimmer, in Ferienwohnungen oder Ferienhäuser kommen zuweilen vor, daher vor dem Verlassen alle Fenster und Türen schließen. Bei der Benutzung von Geldautomaten sind diejenigen zu bevorzugen, die direkt bei einer Bankfiliale oder in einem Einkaufszentrum oder Hotel stehen. Mit Karte sollte man nur in vertrauenswürdigen Einrichtungen zahlen.

Diebstähle jeder Art sollten Sie bei der örtlichen Polizeiwache anzeigen. Umfassende Informationen zur Sicherheit in Spanien gibt es auf der Internetseite des Auswärtigen Amtes (www.auswärtiges-amt.de).

Die Strandabschnitte bei den Ferienorten sind tagsüber bewacht. Zu beachten ist die **Beflaggung**. Rot bedeutet Badeverbot, bei Gelb ist Vorsicht geboten, bei Grün ist das Baden sicher. Weht eine schwarze Flagge, ist kein Wächter anwesend. An nicht bewachten Stränden kann das Baden gefährlich sein. Dies gilt insbesondere für einige Strände an der Westküste, insbesondere die Playa de Cofete und die Playa de Sotavento, wo mit starker Brandung und unberechenbaren Strömungen zu rechnen ist.

Sport

Fahrrad

Fuerteventura erfreut sich großer Beliebtheit bei Radsportlern aus Mitteleuropa. In den Wintermonaten nutzen sie das günstige Klima der Insel zum Trainieren. Sie sind vor allem auf den weniger befahrenen Straßen im Inselzentrum und im westlichen Bergland unterwegs. Für Freizeitradler gibt es einige offiziell angelegte und ausgeschilderte Routen. Einige verlaufen über Radwege, die zwischen 0,3 und 8,6 km lang sind. Andere, bis zu 20 km lange Strecken setzen ein **Mountainbike** voraus, da sie über Pisten führen. Es bietet sich an, mehrere dieser Routen miteinander zu kombinieren. Interessante Routenbeschreibungen finden sich auf spezialisierten Websites wie www.komoot.es und www.outdooractive.com. Zu beachten ist, dass beim Radfahren außerhalb geschlossener Ortschaften **Helmpflicht** besteht (für Kinder bis 16 Jahre auch innerorts). Bei Mietfahrrädern ist der Helm in der Regel im Preis inbegriffen. Er darf nur bei starker Hitze oder bei anstrengenden Anstiegen abgenommen werden. Linienbusse befördern keine Fahrräder.

Golf

Fuerteventura ist eine durchaus ernst zu nehmende Golfdestination. Es gibt vier 18-Loch-Plätze: zwei bei Caleta de Fuste, je einen bei Las Playitas und Morro Jable. Tagesgäste sind willkommen, die Greenfee-Kosten für 18 Loch betragen um 60 €. Weitere Informationen für Anhänger des Golfsports gibt es unter www.1golf.eu.

Kajak

In Corralejo (www.kayakfuerteventura.com) gibt es einen Anbieter, der Seekajaks verleiht und auch geführte Touren im Programm hat, etwa zur Insel Lobos.

Reiten

Reiterhöfe bei El Cotillo, Antigua und La Pared bieten Ausritte und teilweise auch Unterricht an (Adressen bei den Ortsbeschreibungen). Die Möglichkeiten zum Ausreiten sind vielfältig und spannend: an Stränden, über Ziegenpfade und karge Hügel, durch Schluchten und an Felsküsten. Eine Besonderheit sind **Kamelritte**. Sie werden bei Lajares (an der Straße nach Majanicho), am Strand von Caleta de Fuste und im Oasis Wildlife (S. 67) angeboten.

Segeln und Surfen

Mitsegelgelegenheit auf Hochseejachten besteht ab Corralejo und Morro Jable. Die früher so beliebten Sportkatamarane der Marke Hobie Cat sind mittlerweile ganz aus Fuerteventura verschwunden.

Fuerteventura ist ein **Surferparadies**. Ein internationales Surferpublikum trifft sich im Inselnorden. Für Wind- und Kitesurfer eignet sich dort die Meerenge El Río vor Corralejo. Spannend für Wellenreiter wird es an der brandungsreichen Playa del Castillo bei El Cotillo oder an der felsigen Nordküste. Auf der Halbinsel Jandía zieht es Wind- und Kitesurfer vor allem an die Playa Barca bei Costa Calma und an die Playa del Matorral bei Morro Jable. Beliebte Locations für Wellenreiter im Süden sind außerdem La Pared sowie der äußerste Westen der Halbinsel Jandía.

In Corralejo, El Cotillo, La Pared, Costa Calma und Morro Jable sind diverse Anbieter ansässig, die eine oder mehrere Varianten des Surfsports sowie meist auch das einfacher zu erlernende **SUP** (Stand-up-Paddling) im Programm haben.

Anfänger sind am besten in den Surfschulen und -camps aufgehoben, die in den meisten Ferienorten am Meer ihre Dienste anbieten. Für Anfänger eignen sich vor allem die Lagune der Playa Barca (bei Costa Calma) und die ruhige Bucht von Caleta de Fuste (auch dort gibt es eine Surfschule mit Camp, www.canarysurfacademy.com).

Tauchen

Die Meerenge El Río bei Corralejo mit ihrer fast tropischen Unterwasserwelt gilt als besonders lohnendes **Tauchrevier**. Auch an der Ostküste und im Süden der Halbinsel Jandía gibt es interessante Spots. In Corralejo, Caleta de Fuste, Las Playitas, Costa Calma, Esquinzo und Morro Jable bieten Tauchbasen Schulung, Verleih und Tauchgänge. **Schnorchler** kommen ebenfalls voll auf ihre Kosten.

Wandern

Zwar ist Fuerteventura keine ausgesprochene Wanderdestination, aber im kühleren Winterhalbjahr sind doch recht viele Wanderer in den Bergen und entlang der Küsten unterwegs. Hinweise auf Routen finden Sie bei den Ortsbeschreibungen. Eine besondere Herausforderung ist der 155 km lange **Fernwanderweg GR 131**, der Fuerteventura in neun Etappen von Nord nach Süd durchzieht. In Tarajalejo (S. 66) ist ein Veranstalter ansässig, der geführte Wanderungen anbietet.

Strom und Steckdose

Das spanische Stromnetz wird wie in Deutschland mit 230 Volt betrieben. In die Steckdosen passen die üblichen Euro- und Schuko-Stecker. Schweizer Gäste benötigen einen Adapter.

Telefon und Internet

Internationale Vorwahlen:

- Spanien 00 34
- Deutschland 00 49
- Österreich 00 43
- Schweiz 00 41

Alle spanischen Telefonnummern bestehen aus neun Ziffern. Ortsvorwahlnummern gibt es nicht.

Roaminggebühren für Mobiltelefonate fallen innerhalb der EU nicht mehr an. Deutsche und österreichische Handykunden telefonieren somit in Spanien zu den gleichen Konditionen wie zu Hause. Handykunden aus der Schweiz werden nach wie vor Roaminggebühren berechnet. Wer eine spanische Nummer anruft, muss stets die Landesvorwahl 00 34 mitwählen.
Öffentliche Telefonzellen oder Telefonsäulen gibt es nicht mehr. Die letzten wurden 2022 abgebaut. Auch die einstmals beliebten Telefonläden (»locutorios«) sind aus dem Straßenbild so gut wie verschwunden, bzw. die wenigen verbliebenen in Puerto del Rosario und Corralejo haben ihr Geschäftsmodell geändert. Teuer sind Telefonate vom Hotelzimmer aus, es sei denn, Sie benutzen eine Prepaid Calling Card mit PIN (in Geschäften oder online erhältlich).
WLAN heißt in Spanien **WiFi**. Die meisten Unterkünfte bieten es gratis an. Kostenlose Hotspots gibt es auch am Flughafen, in vielen Einkaufszentren, Restaurants und Cafés.

Trinkgeld

Bei Rechnungen im Restaurant oder Hotel ist das Bedienungsgeld inkludiert. Dennoch ist es üblich, bei Zufriedenheit ein zusätzliches Trinkgeld zu geben. Eine Ausnahme stellen einfache Bars und Cafeterias dar. Auch Taxifahrer erhalten normalerweise kein Trinkgeld, man kann aber den Fahrpreis aufrunden.

Umgangsformen

Die »Majoreros« sind im Umgang mit Fremden zurückhaltend. Während in gehobenen Berufen und bei feierlichen Anlässen formelle Kleidung getragen wird, kleiden sich die Canarios in der Freizeit leger.
Obwohl die Gesetzeslage nicht ganz eindeutig ist, gilt Fuerteventura als **FKK**-Paradies. Textilfreies Baden wird an den Stränden der Halbinsel Jandía fast überall geduldet, man sieht es aber vorwiegend an den einsameren, nicht mit Hotels bebauten Abschnitten. Im Norden gibt es eine inoffizielle FKK-Zone am Dünenstrand südlich von Corralejo (S. 29). Am Hotelpool ist zwar »oben ohne« – jedenfalls auf der Liege – verbreitet, nicht aber hüllenloses Sonnenbaden.

Unterkunft und Hotels

Camping

Man kann auf Fuerteventura ein **Wohnmobil** mieten (www.autocaravanasfuerteventura.es, www.venturavan.es, www.airbnb.de) oder das eigene Fahrzeug auf der Fähre mitbringen (S. 123). Prinzipiell dürfen Wohnmobile überall parken, wo es auch für Pkw erlaubt ist, falls nicht anders ausgeschildert. Dabei spielt es keine Rolle, ob sich jemand im Wagen aufhält oder nicht. Nachts sollten allerdings Vordächer eingerollt und Stühle und Tische hineingeholt werden, sonst drohen Bußgelder. Außerdem ist bei Übernachtungen von der Küste ein Abstand von 20–40 m zu halten (oft durch weiße Markierungen angezeigt). Maximal 48 Stunden am selben Standplatz sind erlaubt. Für die Ver- und Entsorgung kann man jede Tankstelle anfahren, man findet aber auch immer mehr spezielle Stationen auf der Insel. Offizielle Wohnmobilstellplätze wurden in Corralejo, Antigua und Tarajalejo eingerichtet. Regelrechte Campingplätze gibt es hingegen nicht. Zum Zeitpunkt der Recherchen plante die Inselregierung eine Lockerung des bisher geltenden Verbots für »wildes« Campen und eine Ausweitung der offiziellen Campinggelände, für die es bisher einer Genehmigung bedurfte (z. B. Insel Lobos, einige Stellen auf der Halbinsel Jandía), um der zuletzt stark gestiegenen Nachfrage durch die kanarische Bevölkerung gerecht zu werden. Einzelheiten standen bei Redaktionsschluss noch nicht fest, die Pläne sind umstritten.

Ferienclubs

Auf der Halbinsel Jandía haben sich mehrere deutschsprachige Ferienclubs und Clubhotels angesiedelt, die ein großes **Sport-** und **Animationsangebot** in ihrem Programm haben. Dort wird Wert auf Geselligkeit und gemeinsame Aktivitäten gelegt. Diese Anlagen eignen sich auch gut für Alleinreisende. Sie können über Reisebüros oder online gebucht werden.

Ferienwohnungen

Ferienhäuser und -wohnungen werden sowohl in den Strandorten als auch vereinzelt im Hinterland vermietet. Dabei kann es sich um **Studios** (ein Wohn-/Schlafraum), **Apartments** (mindestens ein vom Wohnraum getrennter Schlafraum) oder **Bungalows** in größeren, hotelähnlichen Anlagen handeln, die von Reiseveranstaltern vermittelt werden. Oder es sind Immobilien in Privatbesitz, wobei auch diese sich meist in Resorts mit Rezeption, Gartenanlagen, Pool, Restaurant und Bar befinden. Die Preise schwanken im Jahresverlauf kaum. Einfache Ferienwohnungen gibt es ab 50 € pro Tag, Luxusapartments und Villen sind für 200–300 € pro Tag zu haben.

Ferienhäuser und -wohnungen können über die gängigen Internetportale gebucht werden.

Hostels und Jugendherbergen

Jugendherbergen gibt es auf Fuerteventura nicht. Mehrere **Hostels**, die sich z. T. auch Surfcamps nennen, finden sich in Corralejo. In Morro Jable ist einem deutschsprachigen Surfcamp (www.otro-modo-surfschool.de) ein Hostel angeschlossen.

Hotels

Bei Hotels in den Ferienorten handelt es sich fast ausschließlich um größere Mittelklassehäuser der Vier-Sterne-Kategorie, vereinzelt auch um Fünf-Sterne-Luxushotels. Einfachere Hotels oder Pensionen existieren in Puerto del Rosario und Gran Tarajal und wenden sich vorwiegend an einheimische Geschäftsreisende. Ein Doppelzimmer mit Frühstück im Vier-Sterne-Hotel kostet je nach Komfort etwa zwischen 70 und 250 € pro Nacht. Sehr verbreitet sind **All-inclusive**-Angebote (ab ca. 100 € pro Nacht im Doppelzimmer). Im Trend liegt die Unterscheidung zwischen Hotels nur für Erwachsene (»adults only«) und kinderfreundlichen Familienhotels, von denen es auf

Fuerteventura jeweils eine ganze Reihe gibt.

Ländliche Quartiere

»Turismo rural« ist zwar auf Fuerteventura nicht sehr verbreitet, aber es gibt einige kleine Landhaushotels. Auch werden hier und da ganze Fincas oder auch Ferienwohnungen in Bauernhöfen vermietet. Infos und Buchung z.B. unter www.booking.com, www.airbnb.de.

Verkehrsmittel auf der Insel

Bus

Die Gesellschaft **Tiadhe** (www.tiadhe.com) betreibt alle Inselbuslinien. Die meisten starten im Busbahnhof von Puerto del Rosario, von wo es häufig nach Corralejo, Caleta de Fuste und über Antigua und Gran Tarajal zur Halbinsel Jandía geht. Andere Inselteile werden seltener angefahren.

Fähren

Die kleine, autofreie Nachbarinsel Lobos wird ab Corralejo von **Personenfähren** angesteuert, im Sommer 6 x tgl., im Winter 3 x tgl. (Überfahrt 15 Min., Hin- und Rückfahrt 16 €, www.islalobos.es, max. 200 Personen/Tag). **Autofähren** nach Südspanien, Lanzarote, Gran Canaria: S. 49, 110, 123

Mietwagen

Am Flughafen von Fuerteventura sind verschiedene Mietwagen-Anbieter präsent. Vorausbuchung über einen Reiseveranstalter oder via Internet empfiehlt sich natürlich, denn pandemiebedingt haben viele Mietwagenfirmen die Flotten reduziert. Zuletzt herrschte dementsprechend ein eher knappes Angebot, was zu deutlich höheren Preisen als in der Vorkrisenzeit führte. Auch in den Ferienorten lassen sich Pkw anmieten. Für Mitglieder bietet die **ADAC Autovermietung** günstige Konditionen an. Buchen kann man im Internet (adac.de/autovermietung), in allen ADAC Geschäftsstellen oder unter Tel. 089/76 76 20 99. Mietwagenfirmen schließen die Mitnahme des Wagens auf eine Fähre nach Lanzarote oder Gran Canaria aus oder verlangen einen Aufpreis. Daher unbedingt vorher nachfragen!

Zeitverschiebung

Auf den Kanarischen Inseln gilt Westeuropäische Zeit (WEZ). Die Umstellung auf Sommer- bzw. Winterzeit erfolgt zu denselben Terminen wie bei uns. Gegenüber Mitteleuropa wie auch gegenüber dem spanischen Festland ist die Uhr daher ganzjährig um eine Stunde zurückzustellen.

Zollbestimmungen

Die Kanarischen Inseln gehören zwar zum EU-Land Spanien, sind jedoch nicht voll in den europäischen Binnenmarkt integriert, sondern genießen einen Sonderstatus als **Freihandelszone**. Daher gelten für Reisende aus EU-Ländern wie auch aus der Schweiz die internationalen Zollvorschriften. Bei Grenzübertritten bleiben Waren (auch Tabak und Alkohol) im Gesamtwert bis 430 € bzw. 300 CHF zollfrei. Steuerfrei bleiben für Reisende ab 17 Jahren 250 Zigaretten oder Zigarren bzw. 250 g andere Tabakfabrikate, 5 l alkoholische Getränke bis 18 % Vol. und 1 l alkoholische Getränke über 18 % Vol. (www.zoll.de, www.bmf.gv.at/zoll, www.ezv.admin.ch).

Die Geschichte Fuerteventuras

Um 1100 v. Chr. Phönizier sammeln auf den Kanaren die Purpurflechte, der Fuerteventura und Lanzarote den Namen Purpurarien verdanken.

Um 500 v. Chr. Die Altkanarier besiedeln von Nordafrika aus die Kanarischen Inseln.

40 v. Chr. König Juba II. von Mauretanien schickt eine Forschungsexpedition zu den Kanaren.

13. Jh. Südeuropäische Händler erkunden den Archipel auf der Suche nach Naturfarbstoffen.

1405 Der Normanne Jean de Béthencourt erobert Fuerteventura im Auftrag des Königs von Kastilien und gründet die Stadt Betancuria.

1465 Fuerteventura wird Kastilien eingegliedert. Man betreibt Sklavenfang in Nordwestafrika. Umgekehrt verschleppen maurische Piraten Inselbewohner in die Sklaverei.

1675 Die Herrscherfamilie zieht nach Teneriffa um.

1708 Der Oberst eines in La Oliva stationierten Milizenregiments übernimmt die Verwaltung.

1740 Zweimal landen britische Korsarentrupps bei Gran Tarajal und werden erfolgreich zurückgeschlagen.

1808 Das Großbürgertum wendet sich gegen die Feudalherrschaft und wählt ein Parlament mit Sitz in Antigua, das 1815 wieder aufgelöst wird.

1835 Ziviler Verwaltungssitz der Insel wird Puerto de Cabras. Ein Jahr später endet die Feudalherrschaft.

1860 Das Milizenregiment in La Oliva wird aufgelöst.

1912 Der Inselrat (»cabildo insular«) übernimmt die örtliche Verwaltung.

1956 Puerto de Cabras (»Ziegenhafen«) heißt ab jetzt Puerto del Rosario.

1966 In Morro Jable eröffnet das erste Ferienhotel.

1975 Die spanische Fremdenlegion wird gegen den Willen der Bevölkerung auf Fuerteventura stationiert.

1996 Mit dem Abzug der Legion beruhigen sich die Gemüter.

2002 Nach dem Tod des Bildhauers Eduardo Chillida wird sein umstrittenes Projekt, den heiligen Berg Montaña Tindaya auszuhöhlen, weiter diskutiert.

2009/2015 Die UNESCO erklärt die Insel zum Biosphärenreservat und zum Lichtschutzgebiet.

2020 Spanien erlässt aufgrund der Corona-Pandemie einen strengen Lockdown und restriktive Einreisebestimmungen. Der Tourismus bricht ein.

2023 Nach einer vielversprechenden Vorjahressaison rechnet Fuerteventura mit einer weitgehenden Erholung der Besucherzahlen.

Der normannische Adelige Jean de Béthencourt erobert 1405 Fuerteventura für die kastilische Krone

Spanisch für die Reise

Das Wichtigste in Kürze

Ja/Nein	*sí/no*
Bitte/Danke	*por favor/gracias*
Hallo!/Auf Wiedersehen!	*¡Hola!/¡Adiós!/¡Hasta luego!*
Guten Morgen!/ Guten Tag!	*¡Buenos días!*
Guten Abend!/ Gute Nacht!	*¡Buenas tardes!/ ¡Buenas noches!*
Mein Name ist ...	*Me llamo ...*
Entschuldigung!	*¡perdón!/¡perdone!*
Achtung!/ Vorsicht!	*¡Atención!/ ¡Cuidado!*
Ich verstehe Sie nicht.	*No le entiendo.*
Wie viel kostet das?	*¿Cuánto cuesta?*
Damen/Herren	*Señoras/señor*
geöffnet/geschlossen	*abierto/cerrado*
gestern/heute/morgen	*ayer/hoy/mañana*
Wo ist ...?	*¿Dónde está ...?*
Ist das der Weg nach ...?	*¿Es este el camino a ...?*
Ich möchte ...	*Quisiera ...*
Die Rechnung, bitte!	*¡La cuenta, por favor!*
Auto	*coche*
Tankstelle	*gasolinera*
Super/Diesel	*gasolina super/diesel*
Panne	*avería*
Restaurant	*restaurante*
Auto	*coche*
Toiletten	*los aseos*
Kreditkarte	*tarjeta de crédito*
Abschleppwagen	*coche grúa*
Hilfe!	*socorro*
Fahrrad	*bicicleta*
Busbahnhof	*la estación autobus*
Flughafen	*el aeropuerto*
Ausweis	*carnet de identidad*
Geldautomat	*cajero automático*
Arzt/Zahnarzt	*médico/dentista*
Apotheke	*farmacia*
Lebensmittelgeschäft	*supermercado*
Tourismusbüro	*oficina de turismo*

Wochentage

Montag/Dienstag	*lunes/martes*
Mittwoch/Donnerstag	*miércoles/jueves*
Freitag/Samstag	*viernes/sábado*
Sonntag	*domingo*

Monate

Januar/Februar	*enero/febrero*
März/April	*marzo/abril*
Mai/Juni	*mayo/junio*
Juli/August	*julio/agosto*
September/Oktober	*septiembre/octubre*
November/Dezember	*noviembre/diciembre*

Zahlen

1	*uno*	8	*ocho*
2	*dos*	9	*nueve*
3	*tres*	10	*diez*
4	*cuatro*	11	*once*
5	*cinco*	12	*doce*
6	*seis*	100	*cien, cientro*
7	*siete*	1000	*mil*

Hinweise zur Aussprache

c	vor ›a, o, u‹ wie ›k‹, z. B.: casa, vor ›e‹ und ›i‹ ähnlich dem englischen ›th‹
ch	wie ›tsch‹, z. B.: leche
g	vor ›e‹ und ›i‹ wie ›ch‹, z. B.: gente
gue/gui	wie ›ge, gi‹, z. B.: guiso, pague
h	ist immer stumm
j	wie ›ch‹, z. B.: jamón
ll	zwischen Vokalen wie ›lj‹ z. B.: tortilla
ñ	wie ›nj‹, z. B.: niño
que/qui	wie ›ke, ki‹, z. B.: queso, quiero
s	vor ›b, d, g, l, m, n‹ weiches ›s‹
v	wie ›b‹, z. B.: via, vino
z	ähnlich dem englischen ›th‹

Alle Blickpunkt-Themen in diesem Band:

Register

Bildnachweis
Titel: Playa de la Pared auf Fuerteventura
Foto: **AWL Images** (Mauricio Abreu)
Rücktitel: links: **HUBER IMAGES** (Olimpio Fantuz); rechts: **stock.adobe.com** (science photo)

AWL Images: Sabine Lubenow 67 – **City Image:** Alamy Stock Photo 23; **Fotolia:** pkazmierczak 62; ; eve 74/75; lunamarina 93 – **gemeinfrei:** 136 – **Getty Images:** Collection Mix: Subjects RF 12.3 – **HUBER IMAGES:** Maurizio Rellini 6/7; Olimpio Fantuz 8/9, 11.2; Reinhard Schmid 28/29, 34, 53; Pietro Canali 101 – **imago:** 99.1 – **laif:** Gerald Haenel 11.1, 73 – **look-foto:** Aurora Photos 4.1; age fotostock 27 – **mauritius images:** imageBROKER/Franz Walter 10.2; Ian Dagnall/Alamy 12.2; CW Images/Alamy 13.1, 18/19; AA World Travel Library/Alamy 20; Islandstock/Alamy 32/33; imageBROKER/Andreas Rose 48, 77; Prisma/Gerth Roland 51; imageBROKER/fotosol 57; Westend61/ Wolfgang Weinhäupl 66; Thierry GRUN/Aero/Alamy 79.1; imageBROKER/Siepmann 81, 102/103, 112; imageBROKER/Norbert Probst 109; philipus/Alamy 110/111; ALANDAWSONPHOTOGRAPHY/Alamy 118 – **Shutterstock.com:** Marco Taliani de Marchio 2, 3.1; Pawel Kazmierczak 2/3; iligraphies 3.2; Kryzak 4.2; arvernho 9, 79.3; tommaso lizzul 10.1; mangojuicy 58; underworld 60; 61; aaabbbccc 69; RossHelen 82/83, 88, 144; holbox 84; fritz16 91; JackCo 106/107; 112; Tamara Kulikova 114 – **stock.adobe.com:** science photo 7.1, 11.3; karepa 7.2; Brigida Soriano 14/15; lunamarina 35, 40/41; nito 37; pkazmierczak 45, 70/71; sotavento1000 47; Neissl 95, 96; stylefoto24 104; zm_photo 117

ADAC

Markenlizenz der ADAC Medien und Reise GmbH, München

ISBN 978-3-98645-037-3

1. Auflage 2023

Autorin: Sabine May
Redaktion: Juliane Helf,
Susanne Kronester-Ritter
Lektorat: Rosemarie Elsner
Satz: Nadine Thiel, Baldham
Bildredaktion: Nora Goth, Dr. Nafsika Mylona
Reihengestaltung: Eva Stadler, München; Independent Medien Design, Horst Moser, München
Kartografie: Kunth Verlag GmbH & Co. KG, München, Huber Kartographie GmbH, www.kartographie.de
Herstellung: Felix Robitsch, Mendy Willerich
Druck und Bindung: Drukarnia Dimograf Sp z o.o. (Polen)

GRÄFE UND UNZER

Ein Unternehmen der
GANSKE VERLAGSGRUPPE

Wichtiger Hinweis
Die Daten und Fakten für dieses Werk wurden mit äußerster Sorgfalt recherchiert und geprüft. Wir weisen jedoch darauf hin, dass diese Angaben häufig Veränderungen unterworfen sind und inhaltliche Fehler oder Auslassungen nicht völlig auszuschließen sind, zumal zum Zeitpunkt der Drucklegung die Auswirkungen von Covid-19 auf das Hotel- und Gastgewerbe vor Ort noch nicht vollständig abzusehen waren. Für eventuelle Fehler oder Auslassungen können Gräfe und Unzer, die ADAC Medien und Reise GmbH sowie deren Mitarbeiter und die Autoren keinerlei Verpflichtung und Haftung übernehmen. Alle Inhalte im Buch wenden sich an und gelten für alle Geschlechter (w/m/d). Soweit grammatikalisch männliche, weibliche oder neutrale Personenbezeichnungen verwendet werden,dient dies allein der besseren Lesbarkeit.

Ansprechpartner für den Anzeigenverkauf:
KV Kommunalverlag GmbH & Co. KG,
MediaCenter München, Tel. 089/928 09 60

Bei Interesse an maßgeschneiderten B2B-Produkten:
b2b-kontakt@graefe-und-unzer.de

Leserservice
GRÄFE UND UNZER Verlag
Grillparzerstraße 12
81675 München
www.graefe-und-unzer.de

Umwelthinweis
Nachhaltigkeit ist uns sehr wichtig. Der Rohstoff Papier ist in der Buchproduktion hierfür von entscheidender Bedeutung. Daher ist dieses Buch auf PEFC-zertifiziertem Papier gedruckt. PEFC garantiert, dass ökologische, soziale und ökonomische Aspekte in der Verarbeitungskette unabhängig überwacht werden und lückenlos nachvollziehbar sind.

Unterwegs auf der Insel

Fahrrad

Radfahren ist auf der Insel ein großes Thema. Verleihe gibt es in den Ferienorten. Das ausgeschilderte wie auch das inoffizielle Routennetz umfasst zahlreiche Wege, darunter gut ausgebaute für Cityräder, vor allem aber Pisten für Mountainbiker.

■ Siehe Details S. 34, 131

Rollerskating

Packen Sie doch Ihre Rollerskates in den Koffer. In Morro Jable bietet sich der gut 3 km lange, für Radfahrer, Jogger und Walker angelegte Promenadenweg hinter der Playa del Matorral auch zum Rollschuhfahren an.

■ Siehe Details S. 107

Mit dem Buggy

Herrlich kurvt es sich im Buggy über die Insel, der dank hoher Bodenfreiheit ganz neue Möglichkeiten eröffnet. Von Costa Calma geht es entlang der Klippenküste nach La Lajita, dann im Bogen über El Cardón durch wüstenhafte Landschaft.

■ Siehe Details S. 103

Im Wohnmobil

Fuerteventura ist ein Paradies für Wohnmobilisten. Überall finden sich schöne Plätze an einsamen Stränden, wo Camper bis zu zwei Tage verweilen dürfen.

■ Siehe Details S. 61, 133

Wüstenrennen

Passionierte Läufer können jedes Jahr Anfang November am Halbmarathon durch die Dünen bei Corralejo teilnehmen. Auf Amateure und weniger Geübte wartet der 8 km lange Dünenlauf »Quintillo«. Anmeldung erforderlich.

■ www.mmdunasfuerteventura.com

Reisen in Corona-Zeiten

Liebe Leserin, lieber Leser, durch die langen pandemiebedingten Einschränkungen im Hotel- und Gastronomiegewerbe können wir nicht ausschließen, dass einige der im Buch empfohlenen Adressen zum Zeitpunkt Ihrer Reise nicht mehr aktuell sind. Wenn Sie trotz unserer Bemühungen um Aktualität eine solche Adresse finden, teilen Sie uns diese bitte mit. Wir belohnen jede in die nächste Auflage aufgenommene Korrektur mit **einem kostenlosen Reiseführer Ihrer Wahl**. Zuschriften bitte an: adac@graefe-und-unzer.de